全国职工『八五』普法简明读本

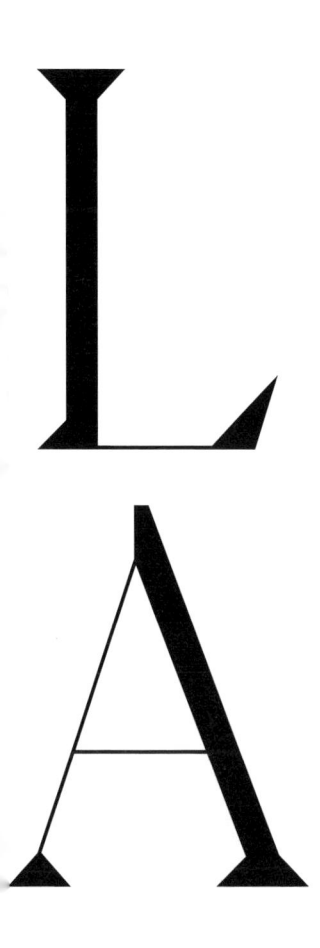

民法典

学习强会 编

中国工人出版社

本书编委会

（按姓氏笔画为序）

安　静　李　娟　时福茂　吴胜利
佟丽华　陆敬波　赵晨羽　黄乐平
黄家焱　董　彬　褚军花　潘　悦

编者的话

《中央宣传部、司法部关于开展法治宣传教育的第八个五年规划（2021—2025年）》指出，我国开启全面建设社会主义现代化国家新征程，进入新发展阶段，迫切要求进一步提升公民法治素养，推动全社会尊法学法守法用法。2021年9月，中华全国总工会办公厅印发的《关于在工会工作者和职工中开展法治宣传教育的第八个五年规划（2021—2025年）》，要求各级工会组织以习近平法治思想引领工会普法工作，推动普法工作守正创新、提质增效、全面发展。因此，做好普法宣传工作，完善宣传的内容、途径和手段，对于普法工作的开展具有十分重要的意义。

为了进一步推动国家"八五"普法工作，结合全国工会系统开展"八五"普法，适应新就业形态发展和促进劳动关系和谐稳定需要，针对与职工切身利益密切相关的法律法规，我们策划出版了"全国职工'八五'普法简明读本"丛书（共12册）。本丛书以工会开展普法工作为切入点，聚焦职工群众最关心最直接最现实的利益问题，重点解读了与职工劳动权益相关的劳动法律知识。在内容构成上，以法律文本为主线，设置了"职工权益导读"版块，通俗地解答了与职工权益相关的问题，并附录了相关法律文书，方便职工参考使用。

希望这套丛书的出版，能够帮助广大职工了解、掌握一些必备的法律常识，增强法治观念，提高法律素养，同时对工会组织职工、引导职工、服务职工、维护职工合法权益等起到积极的作用。

目 录

中华人民共和国民法典 / 001

职工权益导读 / 008

1　为什么说《民法典》是每一个公民的"护身符"？ / 008

2　《民法典》只保护自然人吗？ / 009

3　未出生的胎儿也享有继承权吗？ / 009

4　年满 16 周岁的未成年人可以被用人单位招用吗？ / 010

5　8 岁的孩子可以"打酱油"吗？ / 011

6　谁是留守儿童的监护人？ / 011

7　成年精神病人由谁对其承担监护责任？ / 012

8　因突发事件等紧急情况，被监护人处于无人照料怎么办？ / 013

9　父母体罚、虐待孩子，是否可以撤销其监护权？ / 013

10　什么情况下监护关系终止？ / 015

11	外出务工3年下落不明，可以申请宣告失踪吗？	/ 015
12	宣告死亡必须具备哪些条件？	/ 016
13	撤销死亡宣告后，婚姻关系、收养关系怎么处理？	/ 016
14	《民法典》如何对待个体工商户和农村承包经营户？	/ 017
15	员工在工作之余完成的小发明取得专利，这是什么权？	/ 017
16	出售个人信息也算违法吗？	/ 018
17	网络游戏购买的装备受法律保护吗？	/ 018
18	执行单位工作任务的人员所实施的行为后果由谁承担？	/ 019
19	"不可抗力"是法律规定的免责条款吗？	/ 019
20	正当防卫要承担民事责任吗？	/ 020
21	自愿实施紧急救助造成受助人损害，救助人需承担民事责任吗？	/ 020
22	侮辱英雄烈士，应当承担什么责任？	/ 021
23	未成年人遭性侵，成年后还能起诉吗？	/ 021
24	交了买房的首付款，就算拥有房子的所有权吗？	/ 022
25	房屋不动产要到哪里登记？	/ 023
26	不动产权属证书与不动产登记簿记载不一致的如何处理？	/ 023
27	预告登记是什么？买房一定要做预告登记吗？	/ 024

28	因人民法院的法律文书等导致物权变动的，该物权变动何时生效？	/ 025
29	建筑区划内的公共设施应属哪些人所有？	/ 025
30	居民小区内车位的归属和使用是如何规定的？	/ 026
31	哪些事项应由业主共同决定，其表决规则是什么？	/ 026
32	小区电梯广告的收益归谁所有？	/ 027
33	业主的相关义务及责任有哪些？	/ 028
34	因共有的不动产或动产产生的债权债务应如何处理？	/ 028
35	当共有关系不明时，如何推断按份共有还是共同共有？	/ 029
36	什么是善意取得？	/ 029
37	拾得遗失物、漂流物、发现埋藏物或隐藏物该如何处理？	/ 030
38	因"添附"而产生的物由谁所有？	/ 031
39	住宅建设用地使用权期间届满怎么办？	/ 032
40	土地经营权可以转租和抵押吗？	/ 032
41	未经担保人同意转移债务要承担什么法律后果？	/ 033
42	哪些财产可以作为抵押物？	/ 033
43	哪些财产不得作为抵押物？	/ 034
44	设立抵押权应当采取何种形式？	/ 034
45	抵押财产不经抵押权人同意也可转让吗？	/ 035

46	抵押权有哪些实现方式?	/ 035
47	同一财产上多个抵押权并存时,以什么顺序清偿?	/ 036
48	质权人在质押期间有何义务?	/ 036
49	没有足额交纳手机修理费,修理部是否可以行使留置权?	/ 037
50	什么是合同?	/ 038
51	乘客上车就成立客运合同吗?	/ 039
52	双方的合同什么情况下表示已经成立?	/ 039
53	如何理解缔约过失责任?	/ 040
54	当事人在订立合同过程中有保密义务吗?	/ 041
55	合同生效时间是以什么为准?	/ 041
56	电子商务合同标的交付时间怎么确定?	/ 042
57	承租人拖欠租金,次承租人可否代替支付?	/ 043
58	"一手交钱一手交货"属于同时履行抗辩权吗?	/ 044
59	合同签订后还可以变更吗?	/ 044
60	因不可抗力造成违约的,可以免除责任吗?	/ 045
61	买卖合同标的物的孳息归谁所有?	/ 045
62	在哪些情况下赠与人可以撤销赠与?	/ 046
63	禁止高利放贷写入《民法典》了吗?	/ 046
64	租赁合同的最长期限是多久?	/ 047

65	承租人可否对房屋进行简单装修?	/ 048
66	想做"二房东",怎么做才合法?	/ 048
67	在租期内突然被通知房子卖了,要求搬家怎么办?	/ 049
68	什么是房屋承租人的优先承租权?	/ 050
69	旅客办理退票或者变更手续有何规定?	/ 050
70	《民法典》对于旅客"买短乘长"和"霸座"是如何规定的?	/ 051
71	什么是物业服务合同?	/ 051
72	物业服务企业可否将物业服务转委托?	/ 052
73	业主装饰装修房屋,需要事先告知物业服务企业吗?	/ 052
74	物业服务企业在物业服务合同终止时,应如何交接工作?	/ 053
75	什么是中介合同?	/ 053
76	恶意"跳单"行为需要向中介支付报酬吗?	/ 054
77	合伙人是否承担债务,连带责任怎么划分?	/ 054
78	人格权受到侵害,停止侵害等请求权是否受诉讼时效限制?	/ 054
79	什么是姓名权?起名可以不用父母的姓氏吗?	/ 055
80	他人正在或者即将实施侵害自己人格权的行为,该怎么办?	/ 056

81　新闻报道使用民事主体的姓名、名称、肖像、个人信息等，构成侵权吗？　/ 056

82　《民法典》对自然人的生命权、身体权、健康权设立了哪些保护制度？　/ 057

83　企业有义务防止性骚扰吗？　/ 058

84　肖像权的合理使用行为有哪些？　/ 059

85　自然人的声音也受法律保护吗？　/ 060

86　名誉权保护制度的主要内容有哪些？　/ 060

87　什么是隐私权？侵犯隐私权的行为有哪些？　/ 062

88　什么是个人信息？个人信息该如何保护？　/ 062

89　什么是重婚？　/ 064

90　什么是有配偶者与他人同居？　/ 065

91　《民法典》中的亲属、近亲属和家庭成员有何区别？　/ 065

92　给出去的彩礼还能要求返还吗？　/ 066

93　无效或者被撤销的婚姻的法律后果是什么？　/ 066

94　"男主外，女主内"是否意味着家庭当中夫妻双方地位不平等？　/ 067

95　如何区分夫妻共同财产和夫妻个人财产？　/ 068

96　夫妻一方未经另一方同意出售夫妻共同所有的房屋可否被追回？　/ 069

97	父母为子女出资购买的房屋，出资性质如何确定？	/ 070
98	如何确定夫妻共同债务？	/ 070
99	在夫妻关系存续期间，可否请求分割夫妻共同财产？	/ 071
100	未成年子女对他人造成损害，谁来承担民事责任？	/ 072
101	非婚生子女与婚生子女是否具有相同的继承权？	/ 072
102	夫妻双方自愿离婚的，还需要"冷静期"吗？	/ 073
103	夫妻一方要求离婚的该如何办理？	/ 074
104	夫妻双方因是否生育发生纠纷应如何处理？	/ 075
105	父母离婚后，未成年子女的合法权益如何保护？	/ 075
106	父母离婚后，不满两周岁的未成年人只能由母亲抚养吗？	/ 076
107	离婚后，还可以要求变更子女抚养关系吗？	/ 077
108	离婚时，夫妻的共同财产和共同债务应如何处理？	/ 078
109	《民法典》规定的送养人范围有哪些？	/ 079
110	《民法典》对于外国人在我国收养子女有哪些主要规定？	/ 079
111	法定继承和遗嘱继承的顺序是怎样的？	/ 080
112	因虐待父母丧失继承权，悔过后还能不能恢复继承权？	/ 080
113	遗产继承可以不均等分配财产的情况有哪些？	/ 081
114	公证遗嘱是否具有最高法律效力？	/ 082

115	哪些人不能作为遗嘱见证人?	/ 083
116	哪些人可以担任遗产管理人?遗产管理人的职责有哪些?	/ 083
117	转继承与代位继承有何不同?	/ 084
118	遗嘱必须为谁留出必要的份额?	/ 085
119	被继承人应缴纳的税款和应清偿的债务如何处理?	/ 085
120	遗赠扶养协议与遗嘱内容发生冲突时怎么办?	/ 086
121	遗嘱继承和法定继承并存时如何处理?	/ 087
122	买到缺陷产品,召回费用谁来"埋单"?	/ 087
123	《民法典》对交通事故责任承担主体赔偿顺序是怎么规定的?	/ 088
124	机动车交通事故的责任有何规定?	/ 088
125	交通肇事逃逸受害者该如何理赔?	/ 089
126	好意帮忙载人,出事故了谁来担责?	/ 089
127	《民法典》对网络侵权责任作了哪些规定?	/ 090
128	哪些情况下可以推定医疗机构有过错?	/ 091
129	饲养的动物致人受伤如何赔偿?	/ 092
130	高空抛掷物、坠落物伤人,应承担什么责任?	/ 092
131	在公共道路上堆放、倾倒、遗撒妨碍通行的物品造成损害,由谁承担责任?	/ 093

中华人民共和国民法典

（2020年5月28日第十三届全国人民代表大会第三次会议通过）

目 录

第一编 总　　则

　第一章　基本规定

　第二章　自然人

　　第一节　民事权利能力和民事行为能力

　　第二节　监　　护

　　第三节　宣告失踪和宣告死亡

　　第四节　个体工商户和农村承包经营户

　第三章　法　　人

　　第一节　一般规定

　　第二节　营利法人

　　第三节　非营利法人

　　第四节　特别法人

　第四章　非法人组织

　第五章　民事权利

第六章　民事法律行为

　第一节　一般规定

　第二节　意思表示

　第三节　民事法律行为的效力

　第四节　民事法律行为的附条件和附期限

第七章　代　　理

　第一节　一般规定

　第二节　委托代理

　第三节　代理终止

第八章　民事责任

第九章　诉讼时效

第十章　期间计算

第二编　物　　权

　第一分编　通　　则

　　第一章　一般规定

　　第二章　物权的设立、变更、转让和消灭

　　　第一节　不动产登记

　　　第二节　动产交付

　　　第三节　其他规定

　　第三章　物权的保护

　第二分编　所有权

　　第四章　一般规定

　　第五章　国家所有权和集体所有权、私人所有权

第六章　业主的建筑物区分所有权

第七章　相邻关系

第八章　共　　有

第九章　所有权取得的特别规定

第三分编　用益物权

第十章　一般规定

第十一章　土地承包经营权

第十二章　建设用地使用权

第十三章　宅基地使用权

第十四章　居住权

第十五章　地役权

第四分编　担保物权

第十六章　一般规定

第十七章　抵押权

　第一节　一般抵押权

　第二节　最高额抵押权

第十八章　质　　权

　第一节　动产质权

　第二节　权利质权

第十九章　留置权

第五分编　占　　有

第二十章　占　　有

第三编　合　　同

　第一分编　通　　则

　　第一章　一般规定

　　第二章　合同的订立

　　第三章　合同的效力

　　第四章　合同的履行

　　第五章　合同的保全

　　第六章　合同的变更和转让

　　第七章　合同的权利义务终止

　　第八章　违约责任

　第二分编　典型合同

　　第九章　买卖合同

　　第十章　供用电、水、气、热力合同

　　第十一章　赠与合同

　　第十二章　借款合同

　　第十三章　保证合同

　　　第一节　一般规定

　　　第二节　保证责任

　　第十四章　租赁合同

　　第十五章　融资租赁合同

　　第十六章　保理合同

　　第十七章　承揽合同

　　第十八章　建设工程合同

第十九章　运输合同
　第一节　一般规定
　第二节　客运合同
　第三节　货运合同
　第四节　多式联运合同
第二十章　技术合同
　第一节　一般规定
　第二节　技术开发合同
　第三节　技术转让合同和技术许可合同
　第四节　技术咨询合同和技术服务合同
第二十一章　保管合同
第二十二章　仓储合同
第二十三章　委托合同
第二十四章　物业服务合同
第二十五章　行纪合同
第二十六章　中介合同
第二十七章　合伙合同
第三分编　准合同
　第二十八章　无因管理
　第二十九章　不当得利
第四编　人格权
　第一章　一般规定
　第二章　生命权、身体权和健康权

第三章　姓名权和名称权

第四章　肖像权

第五章　名誉权和荣誉权

第六章　隐私权和个人信息保护

第五编　婚姻家庭

第一章　一般规定

第二章　结　　婚

第三章　家庭关系

　　第一节　夫妻关系

　　第二节　父母子女关系和其他近亲属关系

第四章　离　　婚

第五章　收　　养

　　第一节　收养关系的成立

　　第二节　收养的效力

　　第三节　收养关系的解除

第六编　继　　承

第一章　一般规定

第二章　法定继承

第三章　遗嘱继承和遗赠

第四章　遗产的处理

第七编　侵权责任

第一章　一般规定

第二章　损害赔偿

第三章　责任主体的特殊规定

第四章　产品责任

第五章　机动车交通事故责任

第六章　医疗损害责任

第七章　环境污染和生态破坏责任

第八章　高度危险责任

第九章　饲养动物损害责任

第十章　建筑物和物件损害责任

附　　则

职工权益导读

1 为什么说《民法典》是每一个公民的"护身符"?

2020年5月28日,第十三届全国人民代表大会第三次会议审议通过了《中华人民共和国民法典》(以下简称《民法典》),作为新中国成立以来第一部以"法典"命名的法律,《民法典》是新时代我国社会主义法治建设的重大成果。《民法典》共7编、1260条,各编依次为总则、物权、合同、人格权、婚姻家庭、继承、侵权责任,以及附则。2021年1月1日起,《民法典》正式实施,现行的婚姻法、继承法、民法通则、收养法、担保法、合同法、物权法、侵权责任法、民法总则将同时废止。

《民法典》的编纂以"保护民事主体权利"为主线,把对人身权、人格权的保护放在更加突出的位置,衣、食、住、行等都可以从《民法典》中找到依靠的权利。在赋予公民各种人身权与财产权的同时,《民法典》也为这些权利的行使确定了相应规则,为公民进行各种民事活动保驾护航，所以说它是每一个公民社会生活的"护身符"。

2 《民法典》只保护自然人吗？

《民法典》对所有民事主体一视同仁平等保护。所谓民事主体又称"民事法律关系主体"，是民事关系的参加者、民事权利的享有者、民事义务的履行者和民事责任的承担者。

《民法典》不仅保护自然人，还保护法人、非法人组织。例如，机关法人、农村集体经济组织法人、城镇农村的合作经济组织法人、个人独资企业、合伙企业、个体工商户、农村经营承包户等，都是《民法典》规定的民事主体，都应当受到保护。

3 未出生的胎儿也享有继承权吗？

《民法典》规定，涉及遗产继承、接受赠与等胎儿利益保护的，胎儿视为具有民事权利能力。但是，胎儿娩出时为死体的，其民事权利能力自始不存在。遗产分割时，应当保留胎儿的继承份额。胎儿娩出时是死体的，保留的份额按照法定继承办理。

我国《民法典》规定，自然人从出生时起到死亡时止具有民事权利能力，没出生的胎儿没有民事权利能力，也就谈不上利益保护问题。但是出于对胎儿出生后生存的考虑，就必须要对胎儿的某些利益进行特别保护，因此《民法典》作出对胎儿利益特别保护的规定。但同时《民法典》还规定胎儿娩出时为死体的，其民事权利能力自始不存在。

4　年满 16 周岁的未成年人可以被用人单位招用吗？

　　《民法典》以年龄为标准将自然人分为两类，赋予他们不同的行为能力，即 18 周岁以上的自然人为成年人，属于完全民事行为能力人；不满 18 周岁的自然人为未成年人，属于限制行为能力人，其中不满 8 周岁的未成年人为无民事行为能力人。

　　对于 16 周岁以上未满 18 周岁的未成年人，如果以自己的劳动收入为主要生活来源的，应该视为完全行为能力人，因此他们是可以被用人单位招用的。但是，由于未满 18 周岁，所以这个年龄段的劳动者被称为未成年工。我国对未成年工采取了特殊的劳动保护措施，这些保护措施集中体现在《未成年工特殊保护规定》中。例如，对未成年工从事劳动的范围进行限制，对未成年工定期进行健康检查，对未成年工的使用和特殊保护实行登记制度等。

5　8岁的孩子可以"打酱油"吗？

《民法典》规定，8周岁以上不满18周岁的未成年人为限制民事行为能力人，实施民事法律行为由其法定代理人代理或者经其法定代理人同意、追认；但是，可以独立实施纯获利益的民事法律行为或者与其年龄、智力相适应的民事法律行为。

8周岁的孩子已经长成了法律中的"小大人"，可以从事与其年龄、智力相适应的民事法律行为，比如"打酱油"，使用零花钱购买玩具、零食等，诸如此类的行为都是合法有效的。但是，8周岁以上的孩子给游戏进行大额充值、给主播大额打赏等行为就超出了与其年龄、智力相适应的民事法律行为，可认定无效。

6　谁是留守儿童的监护人？

留守儿童是指外出务工连续3个月以上的农民托留在户籍所在地家乡，由父、母单方或其他亲属监护接受义务教育的适龄儿童。按照《民法典》的规定，父母是未成年子女的监护人。未成年人的父母已经死亡或者没有监护能力的，由下列有监护能力的人按顺序担任监护人：

（1）祖父母、外祖父母；

（2）兄、姐；

（3）其他愿意担任监护人的个人或者组织，但是须经未成年人住所地的居民委员会、村民委员会或者民政部门同意。

据此可知，留守儿童的法定监护人是其父母，在其父母因外出务工而不能实施监护时可以由有监护能力的祖父母、外祖父母、兄、姐等承担监护责任，以保护这些未成年留守儿童的利益。

7 成年精神病人由谁对其承担监护责任？

成年精神病人根据其辨认自己行为的程度不同，可以区分为无民事行为能力人或者限制民事行为能力人。按照《民法典》的规定，其监护人由下列有监护能力的人按顺序担任监护人：

（1）配偶；

（2）父母、子女；

（3）其他近亲属；

（4）其他愿意担任监护人的个人或者组织，但是须经被监护人住所地的居民委员会、村民委员会或者民政部门同意。

8 因突发事件等紧急情况，被监护人处于无人照料怎么办？

《民法典》规定："因发生突发事件等紧急情况，监护人暂时无法履行监护职责，被监护人的生活处于无人照料状态的，被监护人住所地的居民委员会、村民委员会或者民政部门应当为被监护人安排必要的临时生活照料措施。"例如，当疫情公共卫生事件等紧急情况发生，监护人暂时无法照料被监护人的生活时，可以请求其住所地的居民委员会、村民委员会或者民政部门提供必要的临时生活照料。

9 父母体罚、虐待孩子，是否可以撤销其监护权？

俗话说"棍棒底下出孝子"，体罚孩子在大多数人看来可能是一种正常的教育途径。体罚达到较为严重的程度，或者成为高频行为，可能构成虐待。因此，若父母体罚、虐待孩子，可以撤销其对孩子的监护权。《中华人民共和国反家庭暴力法》第二十一条规定："监护人实施家庭暴力严重侵害被监护人合法权益的，人民法院可以根据被监护人的近亲属、居民委员会、村民委员会、县级人民政府民政部门等有关人员或者单位的申请，依法撤销其监护人资格，另行指定监护人。"

撤销监护权是指使监护人的监护资格归于消灭、不再享有监护资格的行为。《民法典》规定了对监护人的撤销制度。监护人有下列情形之一的，人民法院根据有关个人或者组织的申请，撤销其监护人资格，安排必要的临时监护措施，并按照最有利于被监护人的原则依法指定监护人：

（1）实施严重损害被监护人身心健康的行为；

（2）怠于履行监护职责，或者无法履行监护职责且拒绝将监护职责部分或者全部委托给他人，导致被监护人处于危困状态；

（3）实施严重侵害被监护人合法权益的其他行为。

提出监护权撤销申请的主体包括个人和组织，具体而言，包括除监护人之外其他依法具有监护资格的人、居民委员会、村民委员会、学校、医疗机构、妇女联合会、残疾人联合会、未成年人保护组织、依法设立的老年人组织、民政部门等。个人和民政部门以外的组织未及时向人民法院申请撤销监护人资格的，民政部门应当向人民法院申请。

10 什么情况下监护关系终止？

有下列情形之一的，监护关系终止：

(1) 被监护人取得或者恢复完全民事行为能力；
(2) 监护人丧失监护能力；
(3) 被监护人或者监护人死亡；
(4) 人民法院认定监护关系终止的其他情形。

监护关系终止后，被监护人仍然需要监护的，应当依法另行确定监护人。

11 外出务工 3 年下落不明，可以申请宣告失踪吗？

《民法典》规定，自然人下落不明满二年的，利害关系人可以向人民法院申请宣告该自然人为失踪人。自然人下落不明的时间自其失去音讯之日起计算。通过宣告下落不明人为失踪人，可以为其设立财产代管人，以保护失踪人与相对人的财产权益。

一个人外出务工长时间没有任何消息时，如果达到法定的条件，其家人可以对其申请宣告失踪。当然，宣告失踪只是法律上的一个判断，如果失踪人重新出现，经本人或者利害关系人申请，人民法院应当撤销失踪宣告。失踪人重新出现后，有权请求财产代管人及时移交有关财产并报告财产代管情况。

12 宣告死亡必须具备哪些条件？

《民法典》规定，自然人有下列情形之一的，利害关系人可以向人民法院申请宣告该自然人死亡：

（1）下落不明满四年；

（2）因意外事件，下落不明满二年。

因意外事件下落不明，经有关机关证明该自然人不可能生存的，申请宣告死亡不受二年时间的限制。

对同一自然人，有的利害关系人申请宣告死亡，有的利害关系人申请宣告失踪，符合《民法典》规定的宣告死亡条件的，人民法院应当宣告死亡。被宣告死亡的人，人民法院宣告死亡的判决作出之日视为其死亡的日期；因意外事件下落不明宣告死亡的，意外事件发生之日视为其死亡的日期。

13 撤销死亡宣告后，婚姻关系、收养关系怎么处理？

被宣告死亡的人的婚姻关系，自死亡宣告之日起消除。死亡宣告被撤销的，婚姻关系自撤销死亡宣告之日起自行恢复。但是，其配偶再婚或者向婚姻登记机关书面声明不愿意恢复的除外。

被宣告死亡的人在被宣告死亡期间，其子女被他人依法收养的，在死亡宣告被撤销后，不得以未经本人同意为由主张收养行为无效。

14 《民法典》如何对待个体工商户和农村承包经营户？

《民法典》明确规定，自然人从事工商业经营，经依法登记，为个体工商户。个体工商户可以起字号。个体工商户的债务，个人经营的，以个人财产承担；家庭经营的，以家庭财产承担；无法区分的，以家庭财产承担。

农村承包经营户是农村集体经济组织的成员，依法取得农村土地承包经营权，并从事家庭承包经营。农村承包经营户的债务，以从事农村土地承包经营的农户财产承担；事实上由农户部分成员经营的，以该部分成员的财产承担。

15 员工在工作之余完成的小发明取得专利，这是什么权？

这种情况下取得的专利权属于知识产权。《民法典》

规定，知识产权是权利人依法就下列客体享有的专有的权利：

（1）作品；

（2）发明、实用新型、外观设计；

（3）商标；

（4）地理标志；

（5）商业秘密；

（6）集成电路布图设计；

（7）植物新品种；

（8）法律规定的其他客体。

16 出售个人信息也算违法吗？

出售、非法提供公民个人信息的行为属于违法行为。《民法典》规定："自然人的个人信息受法律保护。任何组织或者个人需要获取他人个人信息的，应当依法取得并确保信息安全，不得非法收集、使用、加工、传输他人个人信息，不得非法买卖、提供或者公开他人个人信息。"

17 网络游戏购买的装备受法律保护吗？

随着互联网的发展，网络游戏日益盛行。网络游戏账号、网络游戏装备等也在玩家的时间、精力、金钱投入下有了使用价值和交换价值，具备了财产属性。根据《民法典》规定，民事主体的财产权利受法律平等保护，当民事主体所有的数据、网络虚拟财产遭到非法侵犯时，法律同样提供保护。

18 执行单位工作任务的人员所实施的行为后果由谁承担？

执行法人或者非法人组织工作任务的人员，就其职权范围内的事项，以法人或者非法人组织的名义实施的民事法律行为，对法人或者非法人组织发生效力，由法人或者非法人组织承担行为后果，因为执行单位工作任务的人员是为了单位利益实施的行为。

法人或者非法人组织对执行其工作任务的人员职权范围的限制，不得对抗善意相对人，即执行其工作任务的人员超越职权范围与善意相对人实施的行为，对单位有约束力，单位要承担该行为后果。

19 "不可抗力"是法律规定的免责条款吗？

不可抗力是指不能预见、不能避免且不能克服的客观情况，如地震、台风、洪水等自然灾害，同时也包括社会现象，如军事行动。不可抗力作为人力不可抗拒的强制力，具有客观上的偶然性和不可避免性、主观上的不可预见性和社会危害性。它是独立于人的行为，并且不受当事人的意志支配的现象。

在刑法上，因不可抗力而造成危害社会的结果，不负刑事责任。在民法上，因不可抗力不能履行民事义务的，不承担民事责任。法律另有规定的，依照其规定。

20 正当防卫要承担民事责任吗？

正当防卫是指为了公共利益、本人或者他人的人身和其他权利免受正在进行的不法侵害，而对实施侵害的人所采取的造成必要损害的行为。因正当防卫造成损害的，不承担民事责任。正当防卫超过必要的限度，造成不应有的损害的，正当防卫人应当承担适当的民事责任。

21 自愿实施紧急救助造成受助人损害，救助人需承担民事责任吗？

为鼓励和倡导见义勇为的行为，《民法典》在立法层面上给予见义勇为者免责保护。《民法典》规定，因保护他人民事权益使自己受到损害的，由侵权人承担民事责任，受益人可以给予适当补偿。没有侵权人、侵权人逃逸或者无力承担民事责任，受害人请求补偿的，受益人应当给予适当补偿。因自愿实施紧急救助行为造成受助人损害的，救助人不区分情形一律豁免民事责任。

22 侮辱英雄烈士，应当承担什么责任？

英雄烈士在社会中有着广泛的道德认同，是中华民族宝贵的精神财富。对英雄烈士的侮辱，不仅是一般人格权的问题，也是对社会公共利益的损害。《民法典》规定："侵害英雄烈士等的姓名、肖像、名誉、荣誉，损害社会公共利益的，应当承担民事责任。"

《中华人民共和国英雄烈士保护法》规定，对侵害英雄烈士的姓名、肖像、名誉、荣誉的行为，英雄烈士的近亲属可以依法向人民法院提起诉讼。英雄烈士没有近亲属或者近亲属不提起诉讼的，检察机关可发起公益诉讼，维护英雄烈士的合法权益。

23 未成年人遭性侵，成年后还能起诉吗？

未成年人遭性侵，成年后还可以起诉。《民法典》规定，未成年人遭受性侵害的损害赔偿请求权的诉讼时效期间，自受害人年满18周岁之日起计算。同时，未成年人遭受性侵害后由其法定代理人代为提起了诉讼，主张了损害赔偿，但其成年之后如果对处理结果不满意的，仍有权自己请求行为人承担侵权赔偿责任。赔偿范围既包括财产损害赔偿，也包括精神损害赔偿。

需要注意的是，如果以 18 周岁作为起算点，未成年人遭受性侵害，就普通诉讼时效期间 3 年而言，至少可以算到 21 周岁。如果这期间有中止、中断的情形发生，甚至在特定情况下有延长的情形，那么还可以比 21 周岁的时间更长。

24 交了买房的首付款，就算拥有房子的所有权吗？

《民法典》规定："不动产物权的设立、变更、转让和消灭，经依法登记，发生效力；未经登记，不发生效力，但是法律另有规定的除外。"同时进一步规定不动产物权的设立、变更、转让和消灭，依照法律规定应当登记的，自记载于不动产登记簿时发生效力。

在不动产房屋交易的过程中，即使买受人支付了首付款，如果未做产权登记，也不能算拥有房子的所有权。换言之，买受人只要完成了房屋过户登记，就取得该房屋所有权。

25 房屋不动产要到哪里登记?

《民法典》规定:"不动产登记,由不动产所在地的登记机构办理。国家对不动产实行统一登记制度。统一登记的范围、登记机构和登记办法,由法律、行政法规规定。"

登记机构不得有下列行为:

(1) 要求对不动产进行评估;

(2) 以年检等名义进行重复登记;

(3) 超出登记职责范围的其他行为。

26 不动产权属证书与不动产登记簿记载不一致的如何处理?

不动产权属证书是指在不动产登记机构对不动产情况进行审查、登记后,颁发给不动产权利人用于证明其享有不动产权利的证书。生活中最常见的不动产权属证书就是房本,可以作为某人享有不动产物权的证据,当事人之间发生权属争议时,一般情形下可以依据不动产权属证书来解决争议,确认权利。

《民法典》规定,不动产权属证书记载的事项,应当与不动产登记簿一致;记载不一致的,除有证据证明不动产登记簿确有错误外，以不动产登记簿为准。如果权利人、利害关系人认为不动产登记簿记载的事项错误的，可以申请更正登记。不动产登记簿记载的权利人不同意更正的，利害关系人可以申请异议登记。登记机构予以异议登记，申请人自异议登记之日起 15 日内不提起诉讼的，异议登记失效。异议登记不当，造成权利人损害的，权利人可以向申请人请求损害赔偿。

27 预告登记是什么？
买房一定要做预告登记吗？

预告登记是房屋买卖过程中非常重要的一步，是指当事人签订买卖房屋或者其他不动产物权的协议，为保障将来实现物权，而按照约定可以向登记机关申请预告登记。如在商品房预售中，购房者可以就尚未建成的住房进行预告登记，以制约开发商把已出售的住房再次出售或者进行抵押。

《民法典》规定，当事人签订买卖房屋的协议或者签订其他不动产物权的协议，为保障将来实现物权，按照约定可以向登记机构申请预告登记。预告登记后，未经预告登记的权利人同意，处分该不动产的，不发生物权效力。预告登记后，债权消灭或者自能够进行不动产登记之日起 90 日内未申请登记的，预告登记失效。

28 因人民法院的法律文书等导致物权变动的，该物权变动何时生效？

因人民法院、仲裁机构的法律文书或者人民政府的征收决定等，导致物权设立、变更、转让或者消灭的，自法律文书或者征收决定等生效时发生效力。因继承取得物权的，自继承开始时发生效力。因合法建造、拆除房屋等事实行为设立或者消灭物权的，自事实行为成就时发生效力。

29 建筑区划内的公共设施应属哪些人所有？

建筑区划内道路、绿地等的所有权归属不明，容易导致业主与开发商、业主与物业公司之间产生矛盾和纠纷。为避免这些矛盾和纠纷的出现，《民法典》就建筑区划内道路、绿地等的所有权归属作出明确规定："建筑区划内的道路，属于业主共有，但是属于城镇公共道路的除外。建筑区划内的绿地，属于业主共有，但是属于城镇公共绿地或者明示属于个人的除外。建筑区划内的其他公共场所、公用设施和物业服务用房，属于业主共有。"

需要注意的是，建筑区划内道路、绿地归业主所有，不是指道路、绿地的土地所有权归业主所有，而是说绿地、道路作为土地上的附着物归业主所有。

30 居民小区内车位的归属和使用是如何规定的？

车位、车库属于稀缺资源，车位、车库的归属与用途规定不明频频引发矛盾。为此《民法典》规定："建筑区划内，规划用于停放汽车的车位、车库的归属，由当事人通过出售、附赠或者出租等方式约定。占用业主共有的道路或者其他场地用于停放汽车的车位，属于业主共有。"（道路、绿地本来就属于业主共有，当用于停放汽车时，自然还是属于业主共有。）建筑区划内，规划用于停放汽车的车位、车库应当首先满足业主的需要。业主具有优先使用权。

31 哪些事项应由业主共同决定，其表决规则是什么？

《民法典》规定，下列事项由业主共同决定：
（1）制定和修改业主大会议事规则；
（2）制定和修改管理规约；
（3）选举业主委员会或者更换业主委员会成员；
（4）选聘和解聘物业服务企业或者其他管理人；

（5）使用建筑物及其附属设施的维修资金；

（6）筹集建筑物及其附属设施的维修资金；

（7）改建、重建建筑物及其附属设施；

（8）改变共有部分的用途或者利用共有部分从事经营活动；

（9）有关共有和共同管理权利的其他重大事项。

根据《民法典》的规定，业主共同决定事项，应当由专有部分面积占比 2/3 以上的业主且人数占比 2/3 以上的业主参与表决。决定一般事项，只要经参与表决专有部分面积过半数的业主且参与表决人数过半数的业主同意即可；决定重大事项，需要参与表决专有部分面积 3/4 以上的业主且参与表决人数 3/4 以上的业主同意。区分了参与表决的规则和通过规则。这种规则的设置能够更为便利地形成共同意志，打破久拖不决、资源闲置浪费的局面。

32 小区电梯广告的收益归谁所有？

《民法典》规定，建设单位、物业服务企业或者其他管理人等利用业主的共有部分产生的收入，在扣除合理成本之后，属于业主共有。例如，物业服务企业利用小区空地用作停车场产生的收入，建设单位利用建筑物外墙面产生的收入，等等，就是建筑物共有部分产生的收益，在扣除合理成本之后，应当属于业主共有。

33 业主的相关义务及责任有哪些？

业主应当遵守法律、法规以及管理规约，相关行为应当符合节约资源、保护生态环境的要求。对于物业服务企业或者其他管理人执行政府依法实施的应急处置措施和其他管理措施，业主应当依法予以配合。

业主大会或者业主委员会，对任意弃置垃圾、排放污染物或者噪声、违反规定饲养动物、违章搭建、侵占通道、拒付物业费等损害他人合法权益的行为，有权依照法律、法规以及管理规约，请求行为人停止侵害、排除妨碍、消除危险、恢复原状、赔偿损失。

业主或者其他行为人拒不履行相关义务的，有关当事人可以向有关行政主管部门报告或者投诉，有关行政主管部门应当依法处理。

34 因共有的不动产或动产产生的债权债务应如何处理？

因共有的不动产或者动产产生的债权债务，在对外关系上，共有人享有连带债权、承担连带债务，但是法律另有规定或者第三人知道共有人不具有连带债权债务关系的除外；在共有人内部关系上，除共有人另有约定外，按份共有人按照份额享有债权、承担债务，共同共有人共同享有债权、承担债务。偿还债务超过自己应当承担份额的按份共有人，有权向其他共有人追偿。

35 当共有关系不明时，如何推断按份共有还是共同共有？

共有人对共有的不动产或者动产没有约定为按份共有或者共同共有，或者约定不明确的，除共有人具有家庭关系等外，视为按份共有。

按份共有人对共有的不动产或者动产享有的份额，没有约定或者约定不明确的，按照出资额确定；不能确定出资额的，视为等额享有。

36 什么是善意取得？

善意取得是指无处分权人将不动产或者动产有偿转让给受让人的，如果受让人取得该财产时出于善意，且支付了合理的价格，那么受让人就依法取得对该不动产或者动产的所有权的一种法律制度。

在广泛的商品交换中，从事交换的当事人往往并不知道对方是否有权处分财产，也很难进行查证。我们去菜市场买菜时，是不清楚卖菜的商贩是否对要出卖的蔬菜有权出卖的。如果受让人善意取得财产后，因为转让人的无权处分行为而使交易无效，并让受让人返还财产，就会造成当事人在交易时的不安全感，阻碍交易的正常进行。为确保商品交易的顺利进行和交易秩序的稳定，确立了善意取得制度。

《民法典》明确规定，无处分权人将不动产或者动产转让给受让人的，所有权人有权追回；除法律另有规定外，符合下列情形的，受让人取得该不动产或者动产的所有权：

（1）受让人受让该不动产或者动产时是善意；

（2）以合理的价格转让；

（3）转让的不动产或者动产依照法律规定应当登记的已经登记，不需要登记的已经交付给受让人。

受让人依据前款规定取得不动产或者动产的所有权的，原所有权人有权向无处分权人请求损害赔偿。当事人善意取得其他物权的，参照适用前两款规定。

37 拾得遗失物、漂流物、发现埋藏物或隐藏物该如何处理？

《民法典》规定，拾得遗失物，应当返还权利人。拾得人应当及时通知权利人领取，或者送交公安等有关部门。对于无人认领的遗失物，归国家所有。

所有权人或者其他权利人有权追回遗失物。该遗失物通过转让被他人占有的，权利人有权向无处分权人请求损害赔偿，在自知道或者应当知道受让人之日起二年内向受让人请求返还原物；但是，受让人通过拍卖或者向具有经营资格的经营者购得该遗失物的，权利人请求返还原物时应当支付受让人所付的费用。权利人向受让人支付所付费用后，有权向无处分权人追偿。

拾得漂流物、发现埋藏物或者隐藏物的，参照适用拾得遗失物的有关规定。法律另有规定的，依照其规定。

38 因"添附"而产生的物由谁所有？

生活中，经常会因加工、附合、混合而产生新的物。利用他人材料建造的房屋是附合物，用他人的石头进行雕刻而来的石雕工艺品是加工物，把他人的大米掺入自己的糯米里会产生混合物。当这些因"添附"而产生的新物出现后，就会发生所有权的归属问题。为此，《民法典》规定："因加工、附合、混合而产生的物的归属，有约定的，按照约定；没有约定或者约定不明确的，依照法律规定；法律没有规定的，按照充分发挥物的效用以及保护无过错当事人的原则确定。因一方当事人的过错或者确定物的归属造成另一方当事人损害的，应当给予赔偿或者补偿。"

39　住宅建设用地使用权期间届满怎么办？

在购房者看来，购买住宅通常只有 70 年土地使用权，但 70 年到期后，该如何处理？《民法典》明确规定，住宅建设用地使用权期间届满的，自动续期。续期费用的缴纳或者减免，依照法律、行政法规的规定办理。这是首次正式在法律上确认了土地到期后的续期费用。

40　土地经营权可以转租和抵押吗？

《民法典》落实了农村承包地的"三权分置"，即土地所有权、土地承包经营权、土地经营权的分置。"三权分置"的核心是"两权分离"，也就是土地承包经营权拆分为承包权和经营权。根据《民法典》规定，土地承包经营权人可以自主决定依法采取出租、入股或者其他方式向他人流转土地经营权。通过招标、拍卖、公开协商等方式承包农村土地，经依法登记取得权属证书的，可以依法采取出租、入股、抵押或者其他方式流转土地经营权。这就意味着，承包土地后的转租有了法律保障，走正规程序，不用担心土地承包经营权会丢失。同时，耕地也可以抵押，这也是此次《民法典》的一个重要变化。

41 未经担保人同意转移债务要承担什么法律后果？

第三人提供担保，未经其书面同意，债权人允许债务人转移全部或者部分债务的，担保人不再承担相应的担保责任。因为债务人的履约能力会有很大的不同，如果债务人转移全部或者部分债务给履约能力差的人，而新的债务人无力履行债务，就会导致担保人必须承担担保责任，这对担保人明显不利，所以债权人允许债务人转移的必须经担保人书面同意才能对担保人有约束力，继续承担担保责任；否则担保人就不再承担相应的担保责任。

42 哪些财产可以作为抵押物？

债务人或者第三人有权处分的下列财产可以抵押：
（1）建筑物和其他土地附着物；
（2）建设用地使用权；
（3）海域使用权；
（4）生产设备、原材料、半成品、产品；
（5）正在建造的建筑物、船舶、航空器；
（6）交通运输工具；

（7）法律、行政法规未禁止抵押的其他财产。抵押人可以将上述所列财产一并抵押。

以上述第一项至第三项规定的财产或者第五项规定的正在建造的建筑物抵押的，应当办理抵押登记。抵押权自登记时设立。

43 哪些财产不得作为抵押物？

下列财产不得抵押：

（1）土地所有权；

（2）宅基地、自留地、自留山等集体所有土地的使用权，但是法律规定可以抵押的除外；

（3）学校、幼儿园、医疗机构等为公益目的成立的非营利法人的教育设施、医疗卫生设施和其他公益设施；

（4）所有权、使用权不明或者有争议的财产；

（5）依法被查封、扣押、监管的财产；

（6）法律、行政法规规定不得抵押的其他财产。

44 设立抵押权应当采取何种形式？

设立抵押权，当事人应当采用书面形式订立抵押合同。抵押合同一般包括下列条款：

(1) 被担保债权的种类和数额；

(2) 债务人履行债务的期限；

(3) 抵押财产的名称、数量等情况；

(4) 担保的范围。以动产抵押的，抵押权自抵押合同生效时设立；未经登记，不得对抗善意第三人。

45 抵押财产不经抵押权人同意也可转让吗？

(1) 抵押期间，抵押人可以转让抵押财产。当事人另有约定的，按照其约定。抵押财产转让的，抵押权不受影响。

(2) 抵押人转让抵押财产的，应当及时通知抵押权人。抵押权人能够证明抵押财产转让可能损害抵押权的，可以请求抵押人将转让所得的价款向抵押权人提前清偿债务或者提存。转让的价款超过债权数额的部分归抵押人所有，不足部分由债务人清偿。

46 抵押权有哪些实现方式？

债务人不履行到期债务或者发生当事人约定的实现抵押权的情形，抵押权人可以与抵押人协议以抵押财产折价或者以拍卖、变卖该抵押财产所得的价款优先受偿。协议损害其他债权人利益的，其他债权人可以请求人民法院撤销该协议。

抵押权人与抵押人未就抵押权实现方式达成协议的，抵押权人可以请求人民法院拍卖、变卖抵押财产。抵押财产折价或者变卖的，应当参照市场价格。

47 同一财产上多个抵押权并存时，以什么顺序清偿？

同一财产向两个以上债权人抵押的，拍卖、变卖抵押财产所得的价款依照下列规定清偿：

（1）抵押权已经登记的，按照登记的时间先后确定清偿顺序；

（2）抵押权已经登记的先于未登记的受偿；

（3）抵押权未登记的，按照债权比例清偿。其他可以登记的担保物权，清偿顺序参照适用前款规定。

48 质权人在质押期间有何义务？

质权人在质权存续期间，未经出质人同意，擅自使用、处分质押财产，造成出质人损害的，应当承担赔偿责任。

质权人负有妥善保管质押财产的义务，因保管不善致使质押财产毁损、灭失的，应当承担赔偿责任。质权人的行为可能使质押财产毁损、灭失的，出质人可以请求质权人将质押财产提存，或者请求提前清偿债务并返还质押财产。

49 没有足额交纳手机修理费，修理部是否可以行使留置权？

如果甲在一定期限内不能付清修理费，则修理部可以与甲协商将手机折价或者将手机拍卖、变卖，用所得价款来优先清偿修理费。修理部为甲维修手机所享有的这种优先清偿修理费的权利就是留置权。留置权设立的目的是担保债权的实现。

留置权是法定的担保物权，即留置权不需要当事人事先约定，只要具备法律规定的要件，不论债务人是否同意，债权人均可依法行使留置权。由于留置权的法定性，所以法律对留置权的发生和效力有严格的限制，不能随意行使。例如，《民法典》规定，法律规定或者当事人约定不得留置的动产，不得留置。留置权人与债务人应当约定留置财产后的债务履行期限；没有约定或者约定不明确的，留置权人应当给债务人60日以上履行债务的期限，但是鲜活易腐等不易保管的动产除外。债务人逾期未履行的，留置权人可以与债务人协议以留置财产折价，也可以就拍卖、变卖留置财产所得的价款优先受偿。留置财产折价或者变卖的，应当参照市场价格。债务人可以请求留置权人在债务履行期限届满后行使留置权；留置权人不行使的，债务人可以请求人民法院拍卖、变卖留置财产。

50 什么是合同？

合同是民事主体之间设立、变更、终止民事法律关系的协议。婚姻、收养、监护等有关身份关系的协议，适用有关该身份关系的法律规定。依法成立的合同受法律保护。需要注意的是，劳动合同虽然也是合同的一种，但因其主体之间具有一定的隶属性，因此在我国由《中华人民共和国劳动合同法》予以调整。

根据合同自愿原则，是否订立合同或与谁订立合同等事项，均由当事人自愿约定。但是，合同依法成立生效后，对当事人就具有法律约束力。当事人应当按照合同的约定履行自己的义务，如果不履行合同义务或者履行合同义务不符合约定，就要承担违约责任。

依法成立的合同受法律保护。所谓受法律保护，就是如果一方当事人未取得对方当事人同意，擅自变更或者解除合同，不履行合同义务或者履行合同义务不符合约定，从而使对方当事人的权益受到损害，受损害方向人民法院起诉要求维护自己的权益时，法院就要依法维护，对于擅自变更或者解除合同的一方当事人强制其履行合同义务并承担违约责任。

51　乘客上车就成立客运合同吗？

乘客与客运公司之间即使没有明示协议，也可以依当事人的行为推定客运合同成立。有关合同订立的形式，《民法典》规定，可以采用书面形式、口头形式或者其他形式。口头形式直接、简便、快速，数额较小或者现款交易通常都会采用口头形式，如在菜市场买菜等。

书面形式是指以合同书、信件、电报、电传、传真等可以有形地表现所载内容的形式。以电子数据交换、电子邮件等方式能够有形地表现所载内容，并可以随时调取查用的数据电文，也视为书面形式。书面形式因为有据可查，所以有利于防止争议和解决纠纷。其他形式是根据当事人的行为或特定情形推定合同成立。乘客上车，客运合同成立，就是采取的以行为形式订立合同。

52　双方的合同什么情况下表示已经成立？

合同的成立主要有以下几种情况：当事人采用合同书形式订立合同的，自当事人均签名、盖章或者按指印时合同成立。在签名、盖章或者按指印之前，当事人一方已经履行主要义务，对方接受时，该合同成立。法律、行政法规规定或者当事人约定合同应当采用书面形式订立，当事人未采用书面形式但是一方已经履行主要义务的，对方接受时，该合同成立。

当事人采用信件、数据电文等形式订立合同要求签订确认书的，签订确认书时合同成立。当事人一方通过互联网等信息网络发布的商品或者服务信息符合要约条件的，对方选择该商品或者服务并提交订单成功时合同成立，但是当事人另有约定的除外。

53 如何理解缔约过失责任？

缔约过失责任，也称为先契约责任或者缔约过失中的损害赔偿责任，是指在合同缔结过程中，一方当事人违反了以诚实信用为基础的先契约义务，造成了另一方当事人的损害，因此应承担的法律后果。

《民法典》对缔约过失责任承担情形作了列举规定，当事人在订立合同过程中有下列情形之一，造成对方损失的，应当承担赔偿责任：

（1）假借订立合同，恶意进行磋商；

（2）故意隐瞒与订立合同有关的重要事实或者提供虚假情况；

（3）有其他违背诚信原则的行为。

一旦存在上述一种缔约过失，就要承担缔约过失责任。

54 当事人在订立合同过程中有保密义务吗？

当事人在订立合同过程中不一定要履行保密义务。在一般的合同订立过程中，并不涉及保密信息、商业秘密的问题。因为在订立合同的过程中，为了使对方与自己缔约，就要向对方介绍自己业务的一些基本情况，这些信息不涉及商业秘密，当事人可以使用和比较。

但是，如果订立合同的过程中知悉商业秘密，就需要承担保密义务。商业秘密是指不为公众所知悉、能为权利人带来经济利益、具有实用性并经权利人采取保密措施的技术信息和经营信息。《民法典》规定："当事人在订立合同过程中知悉的商业秘密或者其他应当保密的信息，无论合同是否成立，不得泄露或者不正当地使用；泄露、不正当地使用该商业秘密或者信息，造成对方损失的，应当承担赔偿责任。"

55 合同生效时间是以什么为准？

合同生效是指合同产生法律约束力。从合同生效开始，当事人享有合同中的权利与义务。如果当事人违反合同，将依法承担民事责任。所以确定合同的生效时间有重要的法律意义。为此，《民法典》规定，依法成立的合同，自成立时生效，但是法律另有规定或者当事人另有约定的除外。例如买卖合同，如果双方当事人对合同的生效没有特别约定，那么双方当事人就买卖合同的主要内容达成一致时，合同就成立并且生效。

依照法律、行政法规的规定，合同应当办理批准等手续的，依照其规定。未办理批准等手续影响合同生效的，不影响合同中履行报批等义务条款以及相关条款的效力。应当办理申请批准等手续的当事人未履行义务的，对方可以请求其承担违反该义务的责任。

56 电子商务合同标的交付时间怎么确定？

随着社会的发展，电子技术也越来越流行。通过互联网等信息网络订立的电子合同也越来越普遍。比如，在网上购物平台上选择商品并成功提交订单来建立电子合同。这类合同标的交付时间的确定就很重要，因为交付时间决定了标的物毁损和灭失的风险转移时间。为此《民法典》作了如下规定："电子合同的标的为交付商品并采用快递物流方式交付的，收货人的签收时间为交付时间。电子合同的标的为提供服务的，生成的电子凭证或者实物凭证中载明的时间为提供服务时间；前述凭证没有载明时间或者载明时间与实际提供服务时间不一致的,以实际提供服务的时间为准。电子合同的标的物为采用在线传输方式交付的,合同标的物进入对方当事人指定的特定系统且能够检索识别的时间为交付时间。电子合同当事人对交付商品或者提供服务的方式、时间另有约定的,按照其约定。"

57 承租人拖欠租金,次承租人可否代替支付?

因承租人拖欠租金可能导致违约而被解除租赁合同,进而危及次承租人利益的,由次承租人代为支付就避免了承租人的违约,当然次承租人支付给出租人的租金可向承租人主张。对此《民法典》规定:"债务人不履行债务,第三人对履行该债务具有合法利益的,第三人有权向债权人代为履行;但是,根据债务性质、按照当事人约定或者依照法律规定只能由债务人履行的除外。债权人接受第三人履行后,其对债务人的债权转让给第三人,但是债务人和第三人另有约定的除外。"

58 "一手交钱一手交货"属于同时履行抗辩权吗？

"一手交钱一手交货"就是同时履行的合同，任何一方没有履行而要求对方履行时，对方都有权拒绝履行。只有自己履行了才有权要求对方履行，这种履行规则就是同时履行抗辩权。

同时履行抗辩权是指当事人互负债务，没有先后履行顺序的，应当同时履行。一方在对方履行之前有权拒绝其履行请求。一方在对方履行债务不符合约定时，有权拒绝其相应的履行请求。

59 合同签订后还可以变更吗？

合同成立后，当事人应当按照合同的约定履行合同。任何一方未经对方同意，都不得改变合同的内容。合同签订后，当事人在合同履行前或者履行过程中也会出现一些新的情况，需要当事人对合同内容重新修改或者补充。所以当事人协商一致，可以变更合同。当事人对合同变更的内容约定不明确的，推定为未变更。

60 因不可抗力造成违约的，可以免除责任吗？

当事人一方因不可抗力不能履行合同的，根据不可抗力的影响，部分或者全部免除责任，但是法律另有规定的除外。因不可抗力不能履行合同的，应当及时通知对方，以减少可能给对方造成的损失，并应当在合理期限内提供证明。当事人迟延履行合同后发生不可抗力的，不免除其违约责任。

61 买卖合同标的物的孳息归谁所有？

孳息是由原标的物滋生、增值、繁衍而来的，是基于对标的物的所有或占有而产生的收益。《民法典》规定，标的物在交付之前产生的孳息，归出卖人所有；交付之后产生的孳息，归买受人所有。但是，当事人另有约定的除外。当事人可以约定标的物在交付之前与交付之后孳息都归出卖人所有。

62　在哪些情况下赠与人可以撤销赠与？

赠与合同是赠与人将自己的财产无偿给予受赠人，受赠人表示接受赠与的合同。赠与人在赠与财产的权利转移之前可以撤销赠与。

《民法典》规定，受赠人有下列情形之一的，赠与人可以撤销赠与：

（1）严重侵害赠与人或者赠与人近亲属的合法权益；

（2）对赠与人有扶养义务而不履行；

（3）不履行赠与合同约定的义务。

撤销权人应当依法及时行使撤销权。法律要求赠与人的撤销权，自知道或者应当知道撤销事由之日起1年内行使。

因受赠人的违法行为致使赠与人死亡或者丧失民事行为能力的，赠与人的继承人或者法定代理人可以撤销赠与。赠与人的继承人或者法定代理人的撤销权，自知道或者应当知道撤销事由之日起6个月内行使。

63　禁止高利放贷写入《民法典》了吗？

近年来，学生群体的"校园贷"、中老年群体的"套路贷"以及互联网借款中的高利贷、暴力催收等乱象频出，造成了极其恶劣的社会影响。《民法典》从上位法的高度对高利放贷行为进行规制，这也是我国首次在人大立法层面明确对高利贷行为予以禁止。

《民法典》规定，禁止高利放贷，借款的利率不得违反国家有关规定。借款合同对支付利息没有约定的，视为没有利息。借款合同对支付利息约定不明确，当事人不能达成补充协议的，按照当地或者当事人的交易方式、交易习惯、市场利率等因素确定利息；自然人之间借款的，视为没有利息。借款的利息不得预先在本金中扣除。利息预先在本金中扣除的，应当按照实际借款数额返还借款并计算利息。

64 租赁合同的最长期限是多久？

租赁期限的长短是由当事人根据其使用租赁物的目的和租赁物的性质自主决定的。动产租赁一般都是临时使用，租赁期限比较短。不动产房屋租赁的承租人居住需要相对稳定，所以期限一般较长。但期限也不能太过长，所以《民法典》规定："租赁期限不得超过二十年。超过二十年的，超过部分无效。租赁期限届满，当事人可以续订租赁合同继续满足使用的需要；但是，约定的租赁期限自续订之日起也不得超过二十年。"

65　承租人可否对房屋进行简单装修？

承租人经出租人同意可以对房屋进行装修。《民法典》规定，承租人经出租人同意，可以对租赁物进行改善或者增设他物。对租赁物进行改善是指对租赁物的性能进行改良，并不改变其外观形状，如对租来的汽车进行环保改良；增设他物是指在原有的租赁物上又添加另外的物，如对出租房屋进行装修。承租人未经出租人同意，对租赁物进行改善或者增设他物的，承租人不但不能要求出租人返还所支付的费用，而且还要向出租人承担恢复原状或者赔偿损失的责任。

66　想做"二房东"，怎么做才合法？

所谓的"二房东"讲的是一种转租关系，就是承租人将租赁物转让给第三人使用收益，承租人与第三人形成新的租赁关系，但承租人与出租人的租赁关系仍然存在的一种交易形式。

承租人基于租赁有权占有、使用租赁物但无权处分租赁物，允许承租人随意转租，承租人有可能会利用这种形式将租来的房屋层层租赁，以获取暴利，不仅侵害房屋所有人的利益，也会伤害后面的承租人利益。因此承租人只有经出租人同意，才可以将租赁物转租给第三人。承租人转租的，承租人与出租人之间的租赁合同继续有效；第三人造成租赁物损失的，承租人应当向出租人赔偿损失。

承租人未经出租人同意转租的，出租人可以解除合同。出租人知道或者应当知道承租人转租，但是在6个月内未提出异议的，视为出租人同意转租。

67 在租期内突然被通知房子卖了，要求搬家怎么办？

房子出租后，房主作为所有权人可以进行房屋买卖，但在买卖时要对承租人的利益进行一定的保护，就是不影响承租人继续租用该租赁物，这种制度叫"买卖不破租赁"。因此承租人可以不搬家。

《民法典》规定："租赁物在承租人按照租赁合同占有期限内发生所有权变动的，不影响租赁合同的效力。"就是说即使买受人不知道该租赁合同存在，买受人在取得该租赁物的所有权时就与承租人产生了租赁合同关系，成为一个新的出租人，继承原房主作为出租人的权利和义务，继续与承租人保持租赁关系。

68 什么是房屋承租人的优先承租权？

优先承租权是指租赁期限届满，房屋承租人享有以同等条件优先承租的权利。优先承租权主要发生在房屋租赁合同中，在租赁期限届满，出租人需继续出租时，原承租人在同等条件下优先于第三人取得租用的权利。非房屋租赁合同的承租人没有优先承租权。

69 旅客办理退票或者变更手续有何规定？

作为运输合同凭证的客票，通常都载明了航次或者车次、运输开始的时间、客位的等级和票价等内容。旅客因自己的原因不能按照客票记载的时间乘坐的，应当在约定的期限内办理退票或者变更手续；逾期办理的，承运人可以不退票款，并不再承担运输义务。

如果旅客不能按照客票的时间乘坐是由于承运人造成的，旅客可以要求承运人安排改乘其他班次或者退票。此时对于旅客要求退票的，承运人应当全额退还票款。

70 《民法典》对于旅客"买短乘长"和"霸座"是如何规定的？

客票是旅客运输合同的证明，旅客凭持有的客票就可以要求承运人履行运输的义务，当然旅客应当按照有效客票记载的时间、班次和座位号乘坐。旅客无票乘坐、超程乘坐、越级乘坐或者持不符合减价条件的优惠客票乘坐的，应当补交票款，承运人可以按照规定加收票款；旅客不支付票款的，承运人可以拒绝运输。其中补足票款是乘客的义务，《民法典》对此规定了"应当"；对于承运人是否按规定向乘客加收票款则酌情处理，《民法典》用了"可以"。对于旅客不支付票款的，承运人可以拒绝运输即承运人有权在适当的地点令其离开运输工具。

71 什么是物业服务合同？

物业服务合同是物业服务人在物业服务区域内，为业主提供建筑物及其附属设施的维修养护、环境卫生和相关秩序的管理维护等物业服务，业主支付物业费的合同。物业服务人包括物业服务企业和其他管理人。

物业服务合同的内容一般包括服务事项、服务质量、服务费用的标准和收取办法、维修资金的使用、服务用房的管理和使用、服务期限、服务交接等条款。

物业服务人公开作出的有利于业主的服务承诺，为物业服务合同的组成部分。在物业服务纠纷中即使物业服务合同文本中没有明确写入服务承诺，但只要业主能够证明物业服务人确曾有过承诺，法院就可以确认其效力。物业服务合同应当采用书面形式。

72 物业服务企业可否将物业服务转委托？

《民法典》明确禁止将全部物业服务转委托，或者将全部物业服务项目支解后分别转委托。《民法典》规定，物业服务人将物业服务区域内的部分专项服务事项委托给专业性服务组织或者其他第三人的，应当就该部分专项服务事项向业主负责。物业服务人不得将其应当提供的全部物业服务转委托给第三人，或者将全部物业服务支解后分别转委托给第三人。

73 业主装饰装修房屋，需要事先告知物业服务企业吗？

业主装饰装修房屋的，应当事先告知物业服务人，遵守物业服务人提示的合理注意事项，并配合其进行必要的现场检查。同时，业主转让、出租物业专有部分、设立居住权或者依法改变共有部分用途的,也应当及时将相关情况告知物业服务人。

74 物业服务企业在物业服务合同终止时,应如何交接工作?

物业服务合同终止后,在业主或者业主大会选聘的新物业服务人或者决定自行管理的业主接管之前,原物业服务人应当继续处理物业服务事项,并可以请求业主支付该期间的物业费。

75 什么是中介合同?

中介合同是中介人向委托人报告订立合同的机会或者提供订立合同的媒介服务,委托人支付报酬的合同。中介人是居于交易双方当事人之间起介绍、协助作用的中间人。

中介人应当就有关订立合同的事项向委托人如实报告。中介人故意隐瞒与订立合同有关的重要事实或者提供虚假情况,损害委托人利益的,不得请求支付报酬并应当承担赔偿责任。若报告不真实,误导委托人订立有可能受到损害的合同,不但不能请求支付报酬而且应当承担赔偿责任。

76 恶意"跳单"行为需要向中介支付报酬吗？

"跳单"行为是指在中介合同中，委托人在接受中介服务后，利用中介人提供的交易机会或媒介服务，绕开中介人直接与第三人订立合同。《民法典》规定："委托人在接受中介人的服务后，利用中介人提供的交易机会或者媒介服务，绕开中介人直接订立合同的，应当向中介人支付报酬。"

77 合伙人是否承担债务，连带责任怎么划分？

合伙人对合伙债务承担连带责任。全体合伙人对合伙经营的亏损额，对外应当负连带责任；偿还合伙债务超过自己应当承担数额的合伙人，有权向其他合伙人追偿。

78 人格权受到侵害，停止侵害等请求权是否受诉讼时效限制？

受害人在其民事权利受到侵害时，一般应在法定的时效期间内行使权利。当时效期间届满时，债务人、侵权人获得诉讼时效抗辩权。时效制度的设定可以督促权利人及时行使权利，积极维权，避免延宕时间导致证据灭失，造成裁判机关难以查清案件事实，从而无法判断当事人之间的是非。《民法典》总则编规定了一般情况下，当事人向人民法院请求保护民事权利的诉讼时效期间为 3 年。

对于人格权受到侵害的受害人，依法请求行为人承担民事责任的，也应适用这一时效要求，但是人格权编为加强对受害人的法律保护，规定在维权之诉中，受害人提出停止侵害、排除妨碍、消除危险、消除影响、恢复名誉、赔礼道歉请求权的，不适用诉讼时效的规定，即鉴于这些人格权请求权属于防御性的请求权，对这些请求权立法上没有时效要求。

79 什么是姓名权？起名可以不用父母的姓氏吗？

自然人享有姓名权，有权依法决定、使用、变更或者许可他人使用自己的姓名，但是不得违背公序良俗。一般情况下，自然人应当随父姓或者母姓，但是有下列情形之一的，可以在父姓和母姓之外选取姓氏：

（1）选取其他直系长辈血亲的姓氏；

（2）因由法定扶养人以外的人扶养而选取扶养人

姓氏；

（3）有不违背公序良俗的其他正当理由。

少数民族自然人的姓氏可以遵从本民族的文化传统和风俗习惯。

80 他人正在或者即将实施侵害自己人格权的行为，该怎么办？

民事主体有证据证明行为人正在实施或者即将实施侵害其人格权的违法行为，不及时制止将使其合法权益受到难以弥补的损害的，有权依法向人民法院申请采取责令行为人停止有关行为的措施。所谓"人格权保护禁令"，即当民事主体的人格权正在遭受或者即将遭受违法侵害，如果不及时制止将使其合法权益受到难以弥补的损害时，民事主体有权申请法院责令侵权人停止有关违法行为的措施。人格权保护禁令制度将有效遏制实践中大量存在的侵害名誉、隐私等网络侵权行为。

81 新闻报道使用民事主体的姓名、名称、肖像、个人信息等，构成侵权吗？

《民法典》规定："为公共利益实施新闻报道、舆论监督等行为的，可以合理使用民事主体的姓名、名称、肖像、个人信息等；使用不合理侵害民事主体人格权的，应当依法承担民事责任。"

出于正常新闻监督的需要，在新闻报道和舆论监督中，对社会事件、公众活动等进行公开报道，媒体从业者和单位可以使用相关人员和单位的肖像、姓名、名称、个人信息等人格权，这种使用应限定在合理使用范围之内。法律对于这种合理使用民事主体人格权的活动，不视为侵犯相关权利人的人格权。《民法典》的规定从人格权的权利人角度看，是法律对新闻自由权利的合理限制，而从媒体角度看，则是法律对媒体使用相关主体人格权时提出的合理使用要求。

82 《民法典》对自然人的生命权、身体权、健康权设立了哪些保护制度？

学理上，人格权按其存在的方式可分为物质人格权和精神人格权。物质人格权包括生命权、身体权、健康权三种；精神人格权包括姓名权、隐私权、名誉权、肖像权等。物质人格权是自然人享有其他人格权的前提和保障，因此，在自然人的各项人格权中居于首要地位。《民法典》对自然人的生命权、身体权、健康权规定的主要保护制度体现在以下三个方面：

（1）人格权编对自然人享有的生命权、身体权和健康权内涵作了明确规定。对于生命权,《民法典》规定自然人的生命安全和生命尊严受法律保护;对于身体权,《民法典》规定自然人的身体完整和行动自由受法律保护;对于健康权,《民法典》规定自然人的身心健康受法律保护。

(2)人格权编规定了保护自然人生命权、身体权、健康权的义务主体。《民法典》规定,任何组织或者个人不得侵害他人的生命权、身体权、健康权。同时还对侵害生命权、身体权、健康权的典型和社会上普遍关注的侵害现象作了禁止规定,包括禁止以任何形式买卖人体细胞、人体组织、人体器官、遗体;对发生的非法拘禁、性骚扰等情形,明确了被侵害人的救济权;等等。

(3)《民法典》对法定救助义务人的施救作了规定。当自然人的生命权、身体权、健康权受到侵害或者处于其他危难情形的,负有法定救助义务的组织或者个人应当及时施救。

83 企业有义务防止性骚扰吗?

《民法典》规定,违背他人意愿,以言语、文字、图像、肢体行为等方式对他人实施性骚扰的,受害人有权依法请求行为人承担民事责任。

同时规定机关、企业、学校等单位应当采取合理的预防、受理投诉、调查处置等措施，防止和制止利用职权、从属关系等实施性骚扰。

从《民法典》的规定可知，企业负有预防性骚扰的义务。只要单位没有尽到上述义务，发生了性骚扰行为，侵害了职工的性自主权，便可以追究单位的民事责任。

这里需要注意的是，受性骚扰人范围扩大至了男性，体现了对男女平等保护的性别理念。

84 肖像权的合理使用行为有哪些？

《民法典》为加强对自然人肖像权的保护，规定除法律另有规定的外，未经肖像权人同意，不得制作、使用、公开肖像权人的肖像。

同时，《民法典》对可以不经肖像权人同意，合理使用自然人肖像的情形作了以下五种规定：

（1）为个人学习、艺术欣赏、课堂教学或者科学研究，在必要范围内使用肖像权人已经公开的肖像；

（2）为实施新闻报道，不可避免地制作、使用、公开肖像权人的肖像；

（3）为依法履行职责，国家机关在必要范围内制作、使用、公开肖像权人的肖像；

（4）为展示特定公共环境，不可避免地制作、使用、公开肖像权人的肖像；

（5）为维护公共利益或者肖像权人合法权益，制作、使用、公开肖像权人的肖像的其他行为。

85 自然人的声音也受法律保护吗？

对自然人声音的保护，参照适用肖像权保护的有关规定。《民法典》对肖像权的保护，主要出于其为可识别的人格标识的特点，自然人的姓名和声音也具有这种特质。为此人格权编规定了姓名许可和声音保护可以参照适用肖像权保护规定："对姓名等的许可使用，参照适用肖像许可使用的有关规定。对自然人声音的保护，参照适用肖像权保护的有关规定。"《民法典》对自然人声音的保护，实际上承认了声音是一种独立的新型人格权，体现了对肖像权保护的延伸和扩张，对于更好地保护权利人的人格利益具有必要性和现实意义。

86 名誉权保护制度的主要内容有哪些？

《民法典》对名誉权的保护主要体现在以下六个方面：

（1）对名誉加以明确界定，即名誉是对民事主体的品德、声望、才能、信用等的社会评价。

（2）明确民事主体享有名誉权，任何组织或者个人不得以侮辱、诽谤等方式侵害他人的名誉权。

（3）对新闻报道、舆论监督等主体涉及他人名誉的行为规定了合理核实义务。

行为人为公共利益实施新闻报道、舆论监督等行为，影响他人名誉的，不承担民事责任。但不得存在捏造、歪曲事实；对他人提供的严重失实内容未尽到合理核实义务；使用侮辱性言辞等贬损他人名誉的行为。否则亦应承担责任。

（4）规定了文艺作品侵害名誉权的情况。行为人发表的文学、艺术作品以真人真事或者特定人为描述对象，含有侮辱、诽谤内容，侵害他人名誉权的，受害人有权依法请求该行为人承担民事责任。行为人发表的文学、艺术作品不以特定人为描述对象，仅其中的情节与该特定人的情况相似的，则不承担民事责任。

（5）对媒体报道内容失实致使侵害名誉权的，规定了权利人的补救措施请求权。民事主体有证据证明报刊、网络等媒体报道的内容失实，侵害其名誉权的，有权请求该媒体及时采取更正或者删除等措施。

（6）规定了信用评价查询权、处理请求权及民事主体与信用信息处理者之间关系的法律适用。

对于信用评价，《民法典》规定，民事主体可以依法查询自己的信用评价；发现信用评价不当的，有权提出异议并请求采取更正、删除等必要措施。信用评价人应当及时核查，经核查属实的，应当及时采取必要措施。

87 什么是隐私权？侵犯隐私权的行为有哪些？

隐私权是指自然人对其私人生活安宁和不愿为他人知晓的私密空间、私密活动、私密信息所享有的人格权利，《民法典》禁止任何组织或者个人以刺探、侵扰、泄露、公开等方式侵害他人的隐私权。

《民法典》规定侵犯隐私权的行为包括六种情形：

（1）以电话、短信、即时通讯工具、电子邮件、传单等方式侵扰他人的私人生活安宁；

（2）进入、拍摄、窥视他人的住宅、宾馆房间等私密空间；

（3）拍摄、窥视、窃听、公开他人的私密活动；

（4）拍摄、窥视他人身体的私密部位；

（5）处理他人的私密信息；

（6）以其他方式侵害他人的隐私权。

88 什么是个人信息？个人信息该如何保护？

个人信息是以电子或者其他方式记录的能够单独或者与其他信息结合识别特定自然人的各种信息，包括自然人的姓名、出生日期、身份证件号码、生物识别信息、住址、电话号码、电子邮箱、健康信息、行踪信息等。

《民法典》规定自然人的个人信息受法律保护。具体有以下几方面内容：

一是处理个人信息应遵循的原则和符合的条件。个人信息的处理是指个人信息的收集、存储、使用、加工、传输、提供、公开等。处理个人信息应当遵循合法、正当、必要原则，不得过度处理。同时处理个人信息应符合下列条件：

（1）征得该自然人或者其监护人同意，但是法律、行政法规另有规定的除外；

（2）公开处理信息的规则；

（3）明示处理信息的目的、方式和范围；

（4）不违反法律、行政法规的规定和双方的约定。

二是处理个人信息的免责事由，具体包括：

（1）在该自然人或者其监护人同意的范围内合理实施的行为；

（2）合理处理该自然人自行公开的或者其他已经合法公开的信息，但是该自然人明确拒绝或者处理该信息侵害其重大利益的除外；

（3）为维护公共利益或者该自然人合法权益，合理实施的其他行为。

三是自然人的查询权、异议权、更正与删除请求权。

自然人可以依法向信息处理者查阅或者复制其个人信息；发现信息有错误的，有权提出异议并请求及时采取更正等必要措施。自然人发现信息处理者违反法律、行政法规的规定或者双方的约定处理其个人信息的，有权请求信息处理者及时删除。

四是信息处理者不得泄露、篡改的义务。信息处理者不得泄露或者篡改其收集、存储的个人信息；未经自然人同意，不得向他人非法提供其个人信息，但是经过加工无法识别特定个人且不能复原的除外。

五是相关职能机构及人员的保密义务。国家机关、承担行政职能的法定机构及其工作人员对于履行职责过程中知悉的自然人的隐私和个人信息，应当予以保密，不得泄露或者向他人非法提供。

此外，个人信息中的私密信息，适用有关隐私权的规定；没有规定的，适用有关个人信息保护的规定。

89 什么是重婚？

重婚主要有两种情形：第一种是有配偶的人又与他人登记结婚，或者与他人以夫妻名义共同生活；第二种是明知他人是已有配偶的人，又与其登记结婚或者以夫妻名义共同生活。明知，是指事先知道，或者事后知道而继续保持婚姻关系。相反，若不知道他人有配偶则不构成重婚。

民事责任方面：《民法典》规定，重婚是婚姻无效的原因之一；是认定夫妻感情确已破裂，法院准予离婚的情形之一；是无过错方要求损害赔偿的理由之一。

刑事责任方面：重婚罪。

90 什么是有配偶者与他人同居？

有配偶者与他人同居是指有配偶者与婚外异性，不以夫妻名义，持续、稳定地共同生活居住。

91 《民法典》中的亲属、近亲属和家庭成员有何区别？

在家庭中所处关系的不同，意味着享有权利和应尽义务的不同。《民法典》规定，"亲属"包括配偶、血亲和姻亲；"近亲属"包括配偶、父母、子女、兄弟姐妹、祖父母、外祖父母、孙子女、外孙子女；"家庭成员"则为配偶、父母、子女和其他共同生活的近亲属，接近社会学中的"核心家庭"概念。

92 给出去的彩礼还能要求返还吗？

给出去的彩礼如果具备以下三种情形可以要求返还：
（1）双方未办理结婚登记手续；
（2）双方办理结婚登记手续但确未共同生活；
（3）婚前给付并导致给付人生活困难。
后两项情形应当以双方离婚为条件，没有离婚的情况下不能要求返还彩礼。

93 无效或者被撤销的婚姻的法律后果是什么？

无效或者被撤销的婚姻自始没有法律约束力，当事人不具有夫妻的权利和义务。同居期间所得的财产，由当事人协议处理；协议不成的，由人民法院根据照顾无过错方的原则判决。对重婚导致的无效婚姻的财产处理，不得侵害合法婚姻当事人的财产权益。当事人所生的子女，适用《民法典》中关于父母子女的规定。婚姻无效或者被撤销的，无过错方有权请求损害赔偿。

94 "男主外，女主内"是否意味着家庭当中夫妻双方地位不平等？

有些家庭当中，夫妻双方在生活中的分工会有所不同或侧重，"男主外，女主内"的说法带有一定典型性，但这并不意味着双方的地位不平等。《民法典》规定夫妻在婚姻家庭中地位平等。这既是原则，也是一项重要制度，具体体现在以下方面：

（1）夫妻双方都有各自使用自己姓名的权利。

（2）夫妻都有参加各种活动的自由。夫妻双方都有参加生产、工作、学习和社会活动的自由，一方不得对另一方加以限制或者干涉。

（3）夫妻抚养、教育和保护子女的权利义务平等。夫妻双方平等享有对未成年子女抚养、教育和保护的权利，共同承担对未成年子女抚养、教育和保护的义务。

（4）夫妻有相互扶养的义务。需要扶养的一方，在另一方不履行扶养义务时，有要求其给付扶养费的权利。

（5）夫妻有相互继承遗产的权利。

（6）夫妻对共同财产，有平等的处理权。

95 如何区分夫妻共同财产和夫妻个人财产？

《民法典》对夫妻共同财产、夫妻个人财产的区分采取了双方约定和分别列举的方法加以区分。

夫妻共同财产及个人财产可以由男女双方进行约定。双方得就婚姻关系存续期间所得的财产以及婚前财产作出归各自所有、共同所有或者部分各自所有、部分共同所有的约定。约定应当采用书面形式。夫妻对婚姻关系存续期间所得的财产以及婚前财产的约定，对双方具有法律约束力。没有约定或者约定不明确的，按照《民法典》对两者列举的内容加以区分、确定。

《民法典》规定，在婚姻关系存续期间所得的以下财产属于夫妻的共同财产，应该归夫妻共同所有：

（1）工资、奖金、劳务报酬；

（2）生产、经营、投资的收益；

（3）知识产权的收益；

（4）继承或者受赠的财产，但是遗嘱或者赠与合同中确定只归一方的财产除外；

（5）其他应当归共同所有的财产。

其他应当归共同所有的财产是指：

（1）一方以个人财产投资取得的收益；

（2）男女双方实际取得或者应当取得的住房补贴、

住房公积金；

（3）男女双方实际取得或者应当取得的基本养老金、破产安置补偿费。

同时，《民法典》还规定了以下财产为夫妻一方的个人财产：

（1）一方的婚前财产；

（2）一方因受到人身损害获得的赔偿或者补偿；

（3）遗嘱或者赠与合同中确定只归一方的财产；

（4）一方专用的生活用品；

（5）其他应当归一方的财产。

96 夫妻一方未经另一方同意出售夫妻共同所有的房屋可否被追回？

夫妻一方未经另一方同意出售夫妻共同所有的房屋，如果第三人善意购买、支付合理对价并已办理不动产登记，另一方主张追回该房屋的，人民法院不予支持。

但夫妻一方擅自处分共同所有的房屋造成另一方损失，离婚时另一方请求赔偿损失的，人民法院应予支持。

97 父母为子女出资购买的房屋，出资性质如何确定？

随着社会的发展进步，父母出资为子女结婚购房的情况较为普遍，但一旦子女离婚就会涉及房产分割的问题，为此我国民事立法明确规定：

子女结婚前，父母为双方购置房屋出资的，该出资应当认定为对自己子女个人的赠与，但父母明确表示赠与双方的除外。

子女结婚后，父母为双方购置房屋出资的，依照约定处理；没有约定或者约定不明确的，按照《民法典》第1062条第1款第4项规定的原则处理。

《民法典》第1062条第1款第4项规定，夫妻在婚姻关系存续期间继承或者受赠的财产，为夫妻的共同财产，归夫妻共同所有，但遗嘱或者赠与合同中确定只归一方的财产除外。

98 如何确定夫妻共同债务？

如何确定夫妻共同债务是实践中争议较大的问题。此次《民法典》结合司法解释和实践探索经验对此作了进一步明确。

（1）夫妻双方共同签名或者夫妻一方事后追认等共同意思表示所负的债务，以及夫妻一方在婚姻关系存续期间以个人名义为家庭日常生活需要所负的债务，属于夫妻共同债务。

（2）夫妻一方在婚姻关系存续期间以个人名义超出家庭日常生活需要所负的债务，不属于夫妻共同债务；但是，债权人能够证明该债务用于夫妻共同生活、共同生产经营或者基于夫妻双方共同意思表示的除外。

（3）夫妻对婚姻关系存续期间所得的财产约定归各自所有，夫或者妻一方对外所负的债务，相对人知道该约定的，以夫或者妻一方的个人财产清偿。

99 在夫妻关系存续期间，可否请求分割夫妻共同财产？

我们知道分割共同财产一般是在离婚时进行，但在婚姻关系存续期间，当发生法定情形时，夫妻一方也可以向人民法院请求分割共同财产。属于法定情形的有以下几种：

（1）一方有隐藏、转移、变卖、毁损、挥霍夫妻共同财产或者伪造夫妻共同债务等严重损害夫妻共同财产利益的行为；

（2）一方负有法定扶养义务的人患重大疾病需要医

治，另一方不同意支付相关医疗费用。

100 未成年子女对他人造成损害，谁来承担民事责任？

父母对未成年子女的管教和保护既是父母的权利，也是父母的义务。父母没有管教好子女，子女造成他人损害的，父母要承担赔偿责任。《民法典》规定："父母有教育、保护未成年子女的权利和义务。未成年子女造成他人损害的，父母应当依法承担民事责任。"

101 非婚生子女与婚生子女是否具有相同的继承权？

在法律层面，非婚生子女与婚生子女拥有的权利是一样的，非婚生子女同样也享有继承权。我国《民法典》规定，非婚生子女享有与婚生子女同等的权利，任何组织或者个人不得加以危害和歧视。如果生父或生母不直接抚养非婚生子女的，应当负担未成年子女或者不能独立生活的成年子女的抚养费。

102 夫妻双方自愿离婚的，还需要"冷静期"吗？

夫妻双方自愿离婚的，可以办理离婚登记，一般称为协议离婚。协议离婚的具体要求是：

（1）夫妻双方应当签订书面离婚协议，并亲自到婚姻登记机关申请离婚登记。离婚协议应当载明双方自愿离婚的意思表示和对子女抚养、财产以及债务处理等事项协商一致的意见。

（2）自婚姻登记机关收到离婚登记申请之日起30日内，任何一方不愿意离婚的，可以向婚姻登记机关撤回离婚登记申请。该期限届满后30日内，双方应当亲自到婚姻登记机关申请发给离婚证；未申请的，视为撤回离婚登记申请。

（3）婚姻登记机关查明双方确实是自愿离婚，并已经对子女抚养、财产以及债务处理等事项协商一致的，予以登记，发给离婚证。完成离婚登记，即解除婚姻关系。

其中第2项中有两个30日的期限，第一个30日的期限称为"冷静期"。设立离婚冷静期的初衷是让当事人经过慎重考虑后行使自己的离婚权利，其目的是避免盲目离婚为家庭和社会带来的不利影响。

103 夫妻一方要求离婚的该如何办理？

《民法典》规定，夫妻一方要求离婚的，可以由有关组织进行调解或者直接向人民法院提起离婚诉讼。由有关组织来调解，结果有三种情况：

（1）双方重归于好，保持婚姻关系不变；

（2）双方就离婚达成共识，可以通过协议离婚的方式来办理离婚；

（3）调解无果，这样不能再继续调解，在此情况下，一方可以到人民法院进行诉讼离婚，这种情况称为离婚诉讼。人民法院的离婚判决书、调解书生效后，婚姻关系解除。

诉讼离婚时人民法院准予离婚的情况主要有：

第一，人民法院审理离婚案件，应当进行调解；如果感情确已破裂，调解无效的，应当准予离婚。其中调解无效应当准予离婚的情形有：

（1）重婚或者与他人同居；

（2）实施家庭暴力或者虐待、遗弃家庭成员；

（3）有赌博、吸毒等恶习屡教不改；

（4）因感情不和分居满二年；

（5）其他导致夫妻感情破裂的情形。

第二，一方起诉离婚，应当准予离婚的其他情况包括：

(1) 一方被宣告失踪，另一方提起离婚诉讼的；

(2) 经人民法院判决不准离婚后，双方又分居满一年，一方再次提起离婚诉讼的。

104 夫妻双方因是否生育发生纠纷应如何处理？

夫以妻擅自中止妊娠侵犯其生育权为由请求损害赔偿的，人民法院不予支持；夫妻双方因是否生育发生纠纷，致使感情确已破裂，一方请求离婚的，人民法院经调解无效，应依照《民法典》第1079条第3款第5项的规定处理（即其他导致夫妻感情破裂的情形）。

105 父母离婚后，未成年子女的合法权益如何保护？

为防止离婚对未成年子女成长造成伤害，《民法典》对未成年子女的抚养问题作了制度性保护规定：

(1) 离婚不影响父母对子女的权利义务。《民法典》明确父母与子女间的关系，不因父母离婚而消除。离婚后，子女无论由父或者母直接抚养，仍是父母双方的子女。离婚后，父母对于子女仍有抚养、教育、保护的权利和义务。

（2）直接抚养人的确定原则。离婚后，不满两周岁的子女，以由母亲直接抚养为原则。已满两周岁的子女，父母双方对抚养问题协议不成的，由人民法院根据双方的具体情况，按照最有利于未成年子女的原则判决。子女已满8周岁的，应当尊重其真实意愿。

（3）不直接抚养方负担抚养费的确定及增加。离婚后，子女由一方直接抚养的，另一方应当负担部分或者全部抚养费。负担费用的多少和期限的长短，由双方协议；协议不成的，由人民法院判决。此种协议或者判决，不妨碍子女在必要时向父母任何一方提出超过协议或者判决原定数额的合理要求。

（4）探望权及其中止。离婚后，不直接抚养子女的父或者母有探望子女的权利，另一方有协助的义务。行使探望权利的方式、时间由当事人协议；协议不成的，由人民法院判决。

父或者母探望子女，不利于子女身心健康的，由人民法院依法中止探望；中止的事由消失后，应当恢复探望。

106 父母离婚后，不满两周岁的未成年人只能由母亲抚养吗？

并不一定。若出现以下两种情况，由父亲抚养：一是父母双方协商一致由父亲抚养，二是母亲出现了法律规定的不适宜直接抚养未成年子女的情形。母亲有下列情形之一，父亲请求直接抚养的，人民法院应予支持：

（1）患有久治不愈的传染性疾病或者其他严重疾病，子女不宜与其共同生活；

（2）有抚养条件不尽抚养义务，而父亲要求子女随其生活；

（3）因其他原因，子女确不宜随母亲生活。

107 离婚后，还可以要求变更子女抚养关系吗？

在法律规定的情形下可以请求变更。具有下列情形之一，父母一方要求变更子女抚养关系的，人民法院应予支持：

（1）与子女共同生活的一方因患严重疾病或者因伤残无力继续抚养子女；

（2）与子女共同生活的一方不尽抚养义务或有虐待子女行为，或者其与子女共同生活对子女身心健康确有不利影响；

（3）已满 8 周岁的子女，愿随另一方生活，该方又有抚养能力；

（4）有其他正当理由需要变更。

108 离婚时，夫妻的共同财产和共同债务应如何处理？

离婚时，夫妻的共同财产与共同债务首先应由双方协议处理；协议不成的，由人民法院判决。

离婚时，夫妻共同债务应当共同偿还，共同财产不足清偿或者财产归各自所有的，由双方协议清偿；协议不成的，由人民法院判决。

人民法院对夫妻共同财产作出判决时应遵循照顾子女、女方和无过错方权益的原则，需要具体考虑的因素主要包括：

（1）对夫或者妻在家庭土地承包经营中享有的权益等，应当依法予以保护；

（2）夫妻一方因抚育子女、照料老年人、协助另一方工作等负担较多义务的，离婚时有权向另一方请求补偿；

（3）离婚时，如果一方生活困难，有负担能力的另一方应当给予适当帮助；

（4）因法定破坏婚姻情形导致离婚的，无过错方有权请求损害赔偿。

此外，夫妻一方隐藏、转移、变卖、毁损、挥霍夫妻共同财产，或者伪造夫妻共同债务企图侵占另一方财产的，在离婚分割夫妻共同财产时，对该方可以少分或者不分。离婚后，另一方发现有前述行为的，可以向人民法院提起诉讼，请求再次分割夫妻共同财产。

109 《民法典》规定的送养人范围有哪些？

《民法典》规定，可以成为送养人的个人、组织包括：
（1）孤儿的监护人；
（2）儿童福利机构；
（3）有特殊困难无力抚养子女的生父母。

此外，未成年人的父母均不具备完全民事行为能力且可能严重危害该未成年人的，该未成年人的监护人可以将其送养。

110 《民法典》对于外国人在我国收养子女有哪些主要规定？

《民法典》规定："外国人依法可以在中华人民共和国收养子女。外国人在中华人民共和国收养子女，应当经其所在国主管机关依照该国法律审查同意。收养人应当提供由其所在国有权机构出具的有关其年龄、婚姻、职业、财产、健康、有无受过刑事处罚等状况的证明材料，并与送养人签订书面协议，亲自向省、自治区、直辖市人民政府民政部门登记。前款规定的证明材料应当经收养人所在国外交机关或者外交机关授权的机构认证，并经中华人民共和国驻该国使领馆认证，但是国家另有规定的除外。"

111 法定继承和遗嘱继承的顺序是怎样的？

继承开始后，有遗嘱的，按照遗嘱继承或者遗赠办理；有遗赠扶养协议的，按照协议办理；既无遗嘱也无遗赠扶养协议的，按照法定继承办理。

法定继承人的范围及继承顺序是：

（1）第一顺序：配偶、子女、父母。

（2）第二顺序：兄弟姐妹、祖父母、外祖父母。继承开始后，由第一顺序继承人继承，第二顺序继承人不继承；没有第一顺序继承人继承的，由第二顺序继承人继承。

112 因虐待父母丧失继承权，悔过后还能不能恢复继承权？

《民法典》规定继承人有下列行为之一的，丧失继承权：

（1）故意杀害被继承人；

(2) 为争夺遗产而杀害其他继承人；

(3) 遗弃被继承人，或者虐待被继承人情节严重；

(4) 伪造、篡改、隐匿或者销毁遗嘱，情节严重；

(5) 以欺诈、胁迫手段迫使或者妨碍被继承人设立、变更或者撤回遗嘱，情节严重。

继承人有前面列举的第三项至第五项行为，确有悔改表现，被继承人表示宽恕或者事后在遗嘱中将其列为继承人的，该继承人不丧失继承权。此外，受遗赠人具有丧失继承权行为的，丧失其受遗赠权。

113 遗产继承可以不均等分配财产的情况有哪些？

"弱者多分、能者多得"涉及的遗产份额分配不均等的情况，分配遗产份额时同一顺序继承人继承遗产的份额，一般应当均等，但《民法典》规定："对生活有特殊困难又缺乏劳动能力的继承人，分配遗产时，应当予以照顾。对被继承人尽了主要扶养义务或者与被继承人共同生活的继承人，分配遗产时，可以多分。有扶养能力和有扶养条件的继承人，不尽扶养义务的，分配遗产时，应当不分或者少分。"

此外，法定继承中，继承人协商同意的，也可以不均等。

114 公证遗嘱是否具有最高法律效力？

遗嘱继承是继承的重要方式，相较法定继承而言，被继承人有遗嘱的，应按遗嘱来继承。遗嘱形式包括以下类型：

（1）自书遗嘱。自书遗嘱由遗嘱人亲笔书写，签名，注明年、月、日。

（2）代书遗嘱。代书遗嘱应当有两个以上见证人在场见证，由其中一人代书，并由遗嘱人、代书人和其他见证人签名，注明年、月、日。

（3）打印遗嘱。打印遗嘱应当有两个以上见证人在场见证。遗嘱人和见证人应当在遗嘱每一页签名，注明年、月、日。

（4）音像遗嘱。以录音录像形式立的遗嘱，应当有两个以上见证人在场见证。遗嘱人和见证人应当在录音录像中记录其姓名或者肖像，以及年、月、日。

（5）口头遗嘱。遗嘱人在危急情况下，可以立口头遗嘱。口头遗嘱应当有两个以上见证人在场见证。危急情况消除后，遗嘱人能够以书面或者录音录像形式立遗嘱的，所立的口头遗嘱无效。

（6）公证遗嘱。公证遗嘱由遗嘱人经公证机构办理。

通过这些遗嘱类型的规定，立法最大限度地满足了各类人群的需求，以尊重立遗嘱人的意愿，减少继承中的纠纷。遗嘱人可以撤回、变更自己所立的遗嘱。立有数份遗嘱，内容相抵触的，以最后的遗嘱为准。因此，按照《民法典》规定，公证遗嘱效力最高的说法是不成立的。

115 哪些人不能作为遗嘱见证人？

《民法典》通过规定不能作为遗嘱见证人的具体情况，对遗嘱见证人资格作了必要限制。根据《民法典》的规定，下列人员不能作为遗嘱见证人：

（1）无民事行为能力人、限制民事行为能力人以及其他不具有见证能力的人；

（2）继承人、受遗赠人；

（3）与继承人、受遗赠人有利害关系的人。继承人、受遗赠人的债权人、债务人，共同经营的合伙人等视为与继承人、受遗赠人有利害关系，不能作为遗嘱的见证人。

116 哪些人可以担任遗产管理人？遗产管理人的职责有哪些？

如果遗嘱中指定遗嘱执行人的，继承开始后，遗嘱执行人为遗产管理人；没有遗嘱执行人的，继承人应当及时推选遗产管理人；继承人未推选的，由继承人共同担任遗产管理人；没有继承人或者继承人均放弃继承的，由被继承人生前住所地的民政部门或者村民委员会担任遗产管理人。

遗产管理人的确定有争议的，利害关系人可以向人民法院申请指定遗产管理人。遗产管理人应当履行下列职责：

（1）清理遗产并制作遗产清单；

（2）向继承人报告遗产情况；

（3）采取必要措施防止遗产毁损、灭失；

（4）处理被继承人的债权债务；

（5）按照遗嘱或者依照法律规定分割遗产；

（6）实施与管理遗产有关的其他必要行为。

遗产管理人可以依照法律规定或者约定获得报酬，因故意或重大过失造成损害的，应当承担民事责任。

117 转继承与代位继承有何不同？

转继承的情况是指，继承开始后，继承人于遗产分割前死亡，并没有放弃继承的，该继承人应当继承的遗产转给其继承人，但是遗嘱另有安排的除外。与代位继承相比，转继承中的继承人死亡出现在被继承人死亡之后，并且不限于法定继承。代位继承中的继承人则是先于被继承人死亡，并且仅限于法定继承，遗嘱继承不适用代位继承。

118　遗嘱必须为谁留出必要的份额？

根据《民法典》规定，三种情况下需要在遗产中留出必要的份额：

（1）遗嘱应当为缺乏劳动能力又没有生活来源的继承人保留必要的遗产份额。

（2）遗产分割时，应当保留胎儿的继承份额。胎儿娩出时是死体的，保留的份额按照法定继承办理。

（3）分割遗产，应当清偿被继承人依法应当缴纳的税款和债务；但是，应当为缺乏劳动能力又没有生活来源的继承人保留必要的遗产。

119　被继承人应缴纳的税款和应清偿的债务如何处理？

如果既有法定继承又有遗嘱继承、遗赠的，由法定继承人清偿被继承人依法应当缴纳的税款和债务；超过法定继承遗产实际价值部分，由遗嘱继承人和受遗赠人按比例以所得遗产清偿。

继承人以所得遗产实际价值为限清偿被继承人依法应当缴纳的税款和债务。超过遗产实际价值部分，继承人自愿偿还的不在此限。

继承人放弃继承的，对被继承人依法应当缴纳的税款和债务可以不负清偿责任。执行遗赠不得妨碍清偿遗赠人依法应当缴纳的税款和债务。

120 遗赠扶养协议与遗嘱内容发生冲突时怎么办？

遗赠扶养协议是指自然人可以与继承人以外的组织或者个人签订遗赠扶养协议，约定该组织或者个人承担该自然人生养死葬的义务，享有受遗赠的权利的制度。

《民法典》规定："继承开始后，按照法定继承办理；有遗嘱的，按照遗嘱继承或者遗赠办理；有遗赠扶养协议的，按照协议办理。"由此可知，在遗产分配方面，先执行遗赠扶养协议，再执行遗嘱，最后进行法定继承。按照这一规定，遗赠扶养协议具有优先于遗嘱的效力，遗嘱优先于法定继承。

因此，当遗赠扶养协议与遗嘱内容发生冲突时，按遗赠扶养协议处理，与遗赠扶养协议抵触的遗嘱全部或者部分无效。

121　遗嘱继承和法定继承并存时如何处理？

依据《民法典》遗嘱优先的规定，如果遗嘱继承人同时也是法定继承人，在存在遗嘱未处分遗产的情况下，其仍然可以因法定继承而取得遗产。

甲有两个儿子、一个女儿。甲曾亲笔立下遗嘱，内容为："我死后，我的存款10万元留给女儿乙。"甲死后，留有房屋3间、存款10万元。在这种情况下，女儿乙对于遗嘱没有涉及的3间房屋仍然可以按照法定继承取得相应的份额，并不会因为已经按遗嘱继承了10万元的存款，就不能按照法定继承去继承其应有的份额。

122　买到缺陷产品，召回费用谁来"埋单"？

《民法典》规定："因产品存在缺陷造成他人损害的，生产者应当承担侵权责任。"产品投入流通后发现存在缺陷的，生产者、销售者应当及时采取停止销售、警示、召回等补救措施；未及时采取补救措施或者补救措施不力造成损害扩大的，对扩大的损害也应当承担侵权责任。依据前款规定采取召回措施的，生产者、销售者应当负担被侵权人因此支出的必要费用。

123 《民法典》对交通事故责任承担主体赔偿顺序是怎么规定的？

机动车发生交通事故造成损害，属于该机动车一方责任的，先由承保机动车强制保险的保险人在强制保险责任限额范围内予以赔偿；不足部分，由承保机动车商业保险的保险人按照保险合同的约定予以赔偿；仍然不足或者没有投保机动车商业保险的，由侵权人赔偿。赔偿顺序为强制保险—商业保险—自行赔付。

124 机动车交通事故的责任有何规定？

（1）因租赁、借用等情形机动车所有人、管理人与使用人不是同一人时，发生交通事故造成损害，属于该机动车一方责任的，由机动车使用人承担赔偿责任；机动车所有人、管理人对损害的发生有过错的，承担相应的赔偿责任。

（2）当事人之间已经以买卖或者其他方式转让并交付机动车但是未办理登记，发生交通事故造成损害，属于该机动车一方责任的，由受让人承担赔偿责任。

（3）以挂靠形式从事道路运输经营活动的机动车，发生交通事故造成损害，属于该机动车一方责任的，由挂靠人和被挂靠人承担连带责任。

（4）未经允许驾驶他人机动车的，由驾驶人承担赔偿责任，所有人与管理人只承担过错责任。

（5）盗、抢机动车的，由盗、抢人与车辆驾驶人（盗、抢人与驾驶人不是同一人的）承担连带责任。

125 交通肇事逃逸受害者该如何理赔？

机动车驾驶人发生交通事故后逃逸，该机动车参加强制保险的，由保险人在机动车强制保险责任限额范围内予以赔偿；机动车不明、该机动车未参加强制保险或者抢救费用超过机动车强制保险责任限额，需要支付被侵权人人身伤亡的抢救、丧葬等费用的，由道路交通事故社会救助基金垫付。道路交通事故社会救助基金垫付后，其管理机构有权向交通事故责任人追偿。

126 好意帮忙载人，出事故了谁来担责？

驾驶人在未收取乘车人任何费用的情况下，允许乘车人搭乘其驾驶的机动车，其行为符合社会道德和绿色出行理念，应受到鼓励和支持。发生交通事故后，根据公平原则，应减轻驾驶人的赔偿责任，《民法典》对此予以了明确。《民法典》规定："非营运机动车发生交通事故造成无偿搭乘人损害，属于该机动车一方责任的，应当减轻其赔偿责任，但是机动车使用人有故意或者重大过失的除外。"

127 《民法典》对网络侵权责任作了哪些规定？

随着网络快速发展，网络侵权行为越来越复杂，为了更好地保护权利人的合法利益，平衡网络用户和网络服务提供者之间的利益。《民法典》进一步细化了网络侵权责任的具体规则，具体如下：

（1）规定通知内容。网络用户利用网络服务实施侵权行为的，权利人有权通知网络服务提供者采取删除、屏蔽、断开链接等必要措施。通知应当包括构成侵权的初步证据及权利人的真实身份信息。

网络服务提供者接到通知后，应当及时将该通知转送相关网络用户，并根据构成侵权的初步证据和服务类型采取必要措施；未及时采取必要措施的，对损害的扩大部分与该网络用户承担连带责任。权利人因错误通知造成网络用户或者网络服务提供者损害的，应当承担侵权责任。法律另有规定的，依照其规定。

（2）不侵权声明。网络用户接到转送的通知后，可以向网络服务提供者提交不存在侵权行为的声明。声明应当包括不存在侵权行为的初步证据及网络用户的真实身份信息。

网络服务提供者接到声明后,应当将该声明转送发出通知的权利人,并告知其可以向有关部门投诉或者向人民法院提起诉讼。网络服务提供者在转送声明到达权利人后的合理期限内,未收到权利人已经投诉或者提起诉讼通知的,应当及时终止所采取的措施。

(3)网络服务提供者的连带责任。网络服务提供者知道或者应当知道网络用户利用其网络服务侵害他人民事权益,未采取必要措施的,与该网络用户承担连带责任。

128 哪些情况下可以推定医疗机构有过错?

《民法典》规定,患者在诊疗活动中受到损害,推定医疗机构有过错的情形包括:

(1)违反法律、行政法规、规章以及其他有关诊疗规范的规定;

(2)隐匿或者拒绝提供与纠纷有关的病历资料;

(3)遗失、伪造、篡改或者违法销毁病历资料。

129 饲养的动物致人受伤如何赔偿？

饲养的动物造成他人损害的，动物饲养人或者管理人应当承担侵权责任；但是，能够证明损害是因被侵权人故意或者重大过失造成的，可以不承担或者减轻责任。遗弃、逃逸的动物在遗弃、逃逸期间造成他人损害的，由动物原饲养人或者管理人承担侵权责任。

130 高空抛掷物、坠落物伤人，应承担什么责任？

从建筑物中抛掷物品或者从建筑物上坠落的物品造成他人损害的，由侵权人依法承担侵权责任；经调查难以确定具体侵权人的，能够证明自己不是侵权人的除外，由可能加害的建筑物使用人给予补偿。可能加害的建筑物使用人补偿后，有权向侵权人追偿。

物业公司等建筑物管理人应当采取必要的安全保障措施防止高空抛物或坠物伤人事件发生；未采取必要的安全保障措施的，应当依法承担未履行安全保障义务的侵权责任。

此外，公安等机关应当依法及时调查，查清责任人。减少"一人抛物，全楼买单"的情形发生。

131 在公共道路上堆放、倾倒、遗撒妨碍通行的物品造成损害,由谁承担责任?

生活中常有人将物品在公共道路上堆放、倾倒、遗撒以致妨碍通行,为了遏制这种不良行为,《民法典》规定:"在公共道路上堆放、倾倒、遗撒妨碍通行的物品造成他人损害的,由行为人承担侵权责任。公共道路管理人不能证明已经尽到清理、防护、警示等义务的,应当承担相应的责任。"

图书在版编目（CIP）数据

民法典 / 学习强会编. —北京：中国工人出版社，2022.8
（全国职工"八五"普法简明读本）
ISBN 978-7-5008-7945-9

Ⅰ.①民… Ⅱ.①学… Ⅲ.①民法－法典－中国－通俗读物 Ⅳ.①D923.04

中国版本图书馆CIP数据核字（2022）第143812号

民法典

出 版 人	董 宽
责任编辑	赵晨羽　黄冰凌
责任校对	张 彦
责任印制	栾征宇
出版发行	中国工人出版社
地　　址	北京市东城区鼓楼外大街45号　邮编：100120
网　　址	http://www.wp-china.com
电　　话	（010）62005043（总编室）
	（010）62005039（印制管理中心）
	（010）62382916（工会与劳动关系分社）
发行热线	（010）82029051　62383056
经　　销	各地书店
印　　刷	三河市万龙印装有限公司
开　　本	850毫米×1168毫米　1/32
印　　张	3.375
字　　数	60千字
版　　次	2022年10月第1版　2022年10月第1次印刷
定　　价	18.00元

本书如有破损、缺页、装订错误，请与本社印制管理中心联系更换
版权所有　侵权必究